Elisabeth Mandl

Reisesucht
Die Zukunft des Reisens
in Zeiten virtueller Mobilität

Diplomica® Verlag GmbH

**Mandl, Elisabeth: Reisesucht: Die Zukunft des Reisens in Zeiten virtueller Mobilität,
Hamburg, Diplomica Verlag GmbH 2012**

ISBN: 978-3-8428-8674-2
Druck: Diplomica® Verlag GmbH, Hamburg, 2012

Bibliografische Information der Deutschen Nationalbibliothek:
Die Deutsche Nationalbibliothek verzeichnet diese Publikation in der Deutschen
Nationalbibliografie; detaillierte bibliografische Daten sind im Internet über
http://dnb.d-nb.de abrufbar.

Die digitale Ausgabe (eBook-Ausgabe) dieses Titels trägt die ISBN 978-3-8428-3674-7
und kann über den Handel oder den Verlag bezogen werden.

Dieses Werk ist urheberrechtlich geschützt. Die dadurch begründeten Rechte,
insbesondere die der Übersetzung, des Nachdrucks, des Vortrags, der Entnahme von
Abbildungen und Tabellen, der Funksendung, der Mikroverfilmung oder der
Vervielfältigung auf anderen Wegen und der Speicherung in Datenverarbeitungsanlagen,
bleiben, auch bei nur auszugsweiser Verwertung, vorbehalten. Eine Vervielfältigung
dieses Werkes oder von Teilen dieses Werkes ist auch im Einzelfall nur in den Grenzen
der gesetzlichen Bestimmungen des Urheberrechtsgesetzes der Bundesrepublik
Deutschland in der jeweils geltenden Fassung zulässig. Sie ist grundsätzlich
vergütungspflichtig. Zuwiderhandlungen unterliegen den Strafbestimmungen des
Urheberrechtes.

Die Wiedergabe von Gebrauchsnamen, Handelsnamen, Warenbezeichnungen usw. in
diesem Werk berechtigt auch ohne besondere Kennzeichnung nicht zu der Annahme,
dass solche Namen im Sinne der Warenzeichen- und Markenschutz-Gesetzgebung als frei
zu betrachten wären und daher von jedermann benutzt werden dürften.

Die Informationen in diesem Werk wurden mit Sorgfalt erarbeitet. Dennoch können
Fehler nicht vollständig ausgeschlossen werden, und der Diplomica Verlag, die Autoren
oder Übersetzer übernehmen keine juristische Verantwortung oder irgendeine Haftung
für evtl. verbliebene fehlerhafte Angaben und deren Folgen.

© Diplomica Verlag GmbH
http://www.diplomica-verlag.de, Hamburg 2012
Printed in Germany

Inhaltsverzeichnis

1 Einleitung **7**
2 Grundlagen **13**
    2.1 Reisen als mediale Struktur... 13
    2.2 Ein Umriss des Mobilitätsbegriffs..................................... 16
    2.3 Die Nomadenmetapher in der Literatur.......................... 22
3 Das Nomadische und das Sesshafte **29**
    3.1 Offener Raum – Fester Standpunkt 29
        3.1.1 Raum.. 29
        3.1.2 Zeit 32
        3.1.3 Bewegung 33
    3.2 Mobiler Jobber – Berufener Produzent 35
    3.3 Horizontales Rhizom – Vertikale Hierarchie 40
    3.4 Erfahren - Besitzen 45
    3.5 Offene Behausung – Abtrennende Wände 47
    3.6 Heimatlosigkeit – Verwurzelung...................................... 49
    3.7 Zwischenfazit: Nicht-Identität - Identität 53
4 Das Physische und das Virtuelle **56**
    4.1 „Die Mobilität ist tot, es lebe die Telekommunikation!" 56
        4.1.1 Die Substitutionsthese 56
            4.1.1.1 Virilios Rasender Stillstand 56
            4.1.1.2 Rötzers Telepolis 57
        4.1.2 Die Komplementaritätsthese 58
    4.2 Physischer Raum – Virtueller Raum 61
        4.2.1 Einfacher Raum – Spaltung in mehrere Räume 61
        4.2.2 Körper – Körperlos 66
        4.2.3 Aura des Originals – Reproduktion 68
    4.3 Nomadischer Mobilitätsrausch – Rasender Stillstand 71
5 Fazit **75**
6 Quellenverzeichnis **78**
    Literatur 78
    Weiterführende Webseiten 82
    Andere Medien 83
7 Anhang **84**
    Beispiele Stellenanzeigen 84

„Tout le malheur des hommes vient d'une seule chose, qui est de ne pas savoir demeurer en repos dans une chambre."

„Alles Unheil dieser Welt rührt daher, dass die Menschen nicht still in ihrer Kammer sitzen können."

Blaise Pascal (1623–1662)

1 Einleitung

Gibt man die Wortgruppe „Moderne Nomaden" in die Suchleiste von Google ein, erscheinen innerhalb von 0,18 Sekunden über zwei Millionen interessante Einblicke in das, was gemeinhin als modern, nomadisch oder die Verbindung der beiden Begriffe angesehen wird. So wirbt die Reise-Organisation „Moderne Nomaden" mit dem Angebot: „In einer kleinen Gruppe, die nur aus Frauen besteht, erleben Sie Marokko in 14 Tagen von seiner schönsten Seite", auf einer nächsten Seite kann der Nomaden-Look zum Tiefstpreis erworben werden - ein „Lagen-Look im Tuareg-Stil aus Baumwolle, Seide und Leinen in strahlendem Weiß". Die Universität Passau verspricht in einer Broschüre: „Wer hier studiert, hat als moderner Nomade beste Chancen und vielleicht sogar die Welt als Heimat." Also wer ist er, dieser moderne Nomade?

Mit der Eisenbahn, dem Schiff, dem Automobil und dem Flugzeug wurden Transportmittel konstruiert, deren technische Beschleunigung sowie infrastrukturelle Vernetzung dem Menschen viele Möglichkeiten geben, Distanzen zu überwinden und sich im physischen Raum fortzubewegen. Telekommunikationsmittel wie das Telefon und das Internet ermöglichen es zudem, virtuell an den entferntesten Orten präsent zu sein. Das Verkehrs- und das Kommunikationssystem machen sich die modernen Nomaden zunutze, wenn sie auf dem Weg zum Geschäftstermin den Globus umrunden. Der WLAN-fähige Laptop oder das Smartphone sind immer dabei, um eine fortwährende Erreichbarkeit sowie physische und virtuelle Präsenz gewährleisten zu können.

Der Arbeitsweg von rund eineinhalb Millionen Deutschen beträgt mehr als 50 Kilometer. Bis zu zweieinhalb Stunden Fahrzeit täglich sind laut Bundesagentur für Arbeit für Pendler zumutbar.[1] Auch Geschäftsreisende befinden sich stets auf dem Weg, auf dem Sprung, auf der Durchreise. Sie alle, die

---

[1] Vgl. Klormann, Sybille (2011): Pendler in Deutschland: Stress wie im Kampfeinsatz. In: ARD-Themenwoche 2011 (Website). URL: http://web.ard.de/themenwoche_2011/?p=106, letzter Zugriff: 05.07.2011. o.S.

auf dem täglichen Weg ins Büro einen Check-in Schalter oder Ländergrenzen passieren und für einen vielversprechenden Job ihre gewohnte Umgebung häufig wechseln, werden unter der Metapher der modernen Nomaden gefasst.

Lange Arbeitswege liegen historisch gesehen in der Industrialisierung begründet. In der vorindustriellen Gesellschaft arbeiteten die Menschen noch an denselben Orten, an denen sie wohnten. Die Charta von Athen erhob 1933 die Trennung von Industrie und Siedlung zum Postulat des Städtebaus, auch Kommunikation und Verkehr, Verwaltung und Handel, Bildung, Freizeit und Erholung hatten ihre eigenen Bezirke[2]. Die Idealstadt des 20. Jahrhunderts war demnach eine Pendlerstadt, deren strikte Funktionstrennung die Nutzung von Verkehrsmitteln bedingte. In der gegenwärtigen postindustriellen Zeit verschmelzen die Bereiche Arbeiten und Wohnen wieder zunehmend miteinander. Als „eine ‚historische Re-Integration' unserer Arbeits- und Privatsphären"[3] bezeichnet der Autor Markus Albers diese Tendenz, die mit dem Phänomen der Telearbeit einhergeht. Laut Bundesagentur für Arbeit können darunter „verschiedene Arbeitsformen zusammengefasst [werden], bei denen [die] Beschäftigten zumindest einen Teil der Arbeit außerhalb Ihres Unternehmens verrichten."[4] Das muss nicht zwangsläufig im heimischen Wohnzimmer sein, der moderne Nomade arbeitet oft in den Transiträumen. Er ruft seine E-Mails auf dem Flughafen ab, erstellt im Zug auf dem Weg zur Arbeit eine Präsentation und kehrt für immer kürzere Zeit nach Hause zurück. Der Arbeitsbegriff scheint in seinem Innersten aufgerüttelt zu werden, wenn sich der Beruf auf Lebenszeit zum Job auf Projektbasis wandelt und Hierarchien horizontal werden. Ist nicht nur die Pendlerstadt mit ihren räumlich getrennten Bereichen,

---

[2] Vgl. Wieke 2000, 91f
[3] Albers, Markus (2009): Digitale Nomaden: Wenn die Grenze zwischen Arbeit und Heim verschwindet. Juni 2009. In: markusalbers.com (Website). URL: http://www.markusalbers.com/artikel/weitere/detecon-management-report--digitale-nomaden/, letzter Zugriff: 18.07.2011. o.S. [Hervorhebung im Original]
[4] Es wird hier zwischen Teleheimarbeit, alternierende Telearbeit sowie mobile Telearbeit differenziert. Vgl. Bundesagentur für Arbeit. Regionaldirektion Sachsen (Ed.): Was ist Telearbeit? Mai 2010. In: Telearbeit (Website). URL: http://www.arbeitsagentur.de/Dienststellen/RD-S/RD-S/Regionalinformationen/pdf/Telearbeit.pdf, letzter Zugriff: 05.07.2011. o.S.

sondern auch die Festanstellung samt 40-Stunden-Woche ein Rudiment des Industriezeitalters? Für Heiner Hastedt sind sogar „[f]este, überwiegend ortsstabile Arbeitsplätze [...] als Massenphänomen vielleicht nur eine Sonderform des 19. und 20. Jahrhunderts gewesen, die gegenwärtig stark an Bedeutung verliert".[5]

Eine steigende Bedeutung erfährt in dem Zusammenhang das Prinzip des Nomadischen. Theodor Adorno erklärte bereits 1944 das Ende der Sesshaftigkeit zum Signum der Spätmoderne.[6] Als Erweiterung dessen kam insbesondere in den letzten zehn Jahren in der wissenschaftlichen sowie populärwissenschaftlichen Literatur der Diskurs um ein modernes Nomadentum auf. Dass dies gegenwärtig Thema ist, belegen Filme wie Jason Reitmans „Up in the air" von 2009 sowie die Hörspieltrilogie des Theaterautors René Pollesch mit den Titeln „Heidi Hoh" (1999), „Heidi Hoh arbeitet hier nicht mehr" (2000) und „Heidi Hoh - die Interessen der Firma können nicht die Interessen sein, die Heidi Hoh hat" (2001). Zudem veranstalteten die öffentlich-rechtlichen Sendeanstalten der ARD 2011 ihre jährliche Themenwoche unter dem Titel „Der mobile Mensch".[7]

Die Metapher des modernen Nomadentums einzugrenzen oder gar zu definieren, erscheint unmöglich. Ähnlich wie die ihr inhärenten Strukturen des Wissens, des Internets sowie das Thema Mobilität ausufernd sind, entzieht sich die Nomadenmetapher jeglicher Kategorisierung. Termini wie Pendler, Telearbeiter, Geschäftsreisende und Umherziehende schaffen zwar einen Rahmen, dieser stellt sich jedoch als höchst durchlässig dar. Zudem ist die vielzählige Literatur zu dem Thema kaum zu bewältigen. In

---

[5] Hastedt 2009, 11
[6] Vgl. Holert/Terkessidis 2006, 93
[7] Eine Woche lang, vom 22. Bis 29. Mai 2011, beschäftigte sich die gesamte ARD in Fernsehen, Radio, Internet und Videotext in mehr als 900 Fernsehsendungen und rund 1200 Hörfunkbeiträgen mit mobilem Leben in all seinen Facetten. Zum Abschluss der Woche diskustierte Anne Will in ihrer Talkshow unter dem Thema: "Moderne Job-Nomaden – mobil, heimatlos, ausgebrannt?" mit ihren Gästen dem vielreisenden Unternehmer Ernst Prost, der Putzfrau und Betriebsrätin Susanne Neumann, dem Blogger und Autor Sascha Lobo, dem Weihbischof Hans-Jochen Jaschke sowie dem Publizisten Oswald Metzger. Die ARD-Themenwoche 2011 im Netz: http://web.ard.de/themenwoche_2011/, letzter Zugriff: 05.07.2011. o.S.

diesem Buch soll versucht werden, diese mit ihren Begriffen und Bildnissen zu ordnen und in eine Struktur zu bringen, um somit die Nomadenmetapher in ihren vielen Facetten zumindest umreißen zu können und damit das Prinzip des Nomadischen etwas zu schärfen. Um dies zu erreichen und möglichst viele Charakteristika abzudecken, wird mit Gegensatzpaaren gearbeitet. Diese Methode der Abgrenzung erscheint nach der Bearbeitung der umfassenden Literatur als ein guter Weg, das Verständnis eines so schwer greifbaren Themas zu ermöglichen.

Das Buch unterteilt sich in drei Abschnitte.
Im ersten Teil werden Grundlagen geschaffen. Es wird erklärt, inwiefern Reisen eine mediale Struktur darstellt und somit für eine medienwissenschaftliche Untersuchung relevant ist. Danach wird der Begriff der Mobilität in seiner physischen sowie virtuellen Ausprägung umrissen und die Anwendung der Nomadenmetapher in der verwendeten Literatur vorgestellt.

Im zweiten Teil wird das Nomadische zunächst vom Außen, von seinem Gegenüber, dem Sesshaften, anhand einiger Charakteristika abgegrenzt. Was unterscheidet das Nomadische vom Sesshaften? Dazu werden Gegensatzpaare zu den Themen Raum, Besitz, Arbeit, hierarchische Strukturen, Behausung, Heimat und Identität gebildet, aus denen gesellschaftliche Tendenzen und im Resultat das Prinzip des Nomadischen hervorgehen soll.

Im letzten Teil des Buches wird, basierend auf den gewonnenen Erkenntnissen, die Beziehung der Systeme Verkehr und Kommunikation, die das „Innere" der Nomadenmetapher ausmachen, zueinander untersucht. Zuerst wird geklärt, ob und wie sich physische und virtuelle Mobilität gegenseitig ersetzen, bedingen oder erweitern. Dazu werden Thesen von Paul Virilio und Florian Rötzer vorgestellt, die im Folgenden zu widerlegen sind. Wenn der moderne Nomade durch die Möglichkeiten der Telekommunikation von überall aus arbeiten kann, warum tut er das dann nicht bequem von zuhause aus, sondern bleibt weiterhin physisch mobil? Was also hat der reale Raum zu bieten, was der virtuelle nicht simulieren kann?

Dieser Frage wird sich durch die Unterteilung in die Kategorien Raum und Zeit, Körper sowie die menschlichen Sinne genähert. Abschließend sollen die gewonnenen Erkenntnisse zur Erstellung einer eigenen These dienen.

Es muss an dieser Stelle festgehalten werden, dass sich der Gebrauch der Begriffe des Nomadischen und des Nomaden (griech. *nomás*, Viehherden weidend und mit ihnen umherziehend)[8] im gesamten Buch nicht auf die traditionell umherziehenden Völker bezieht. Die Nomadenmetapher im modernen Kontext weist zwar Parallelen zu dieser traditionellen Lebensweise auf, stellt jedoch lediglich eine Attitüde dieser dar. Zudem soll an dieser Stelle erklärt werden, dass die Untersuchung sich nur auf einen kleinen Teil der Gesellschaft bezieht, sie beschreibt keine Gesellschaftsform, sondern lediglich eine Metapher für *eine* urbane Arbeits- und Lebensform der westlichen Welt. Es gibt noch genügend Berufe, die nicht auf Dienstleistungen und Informationstechnologien aufbauen. Diese lassen sich folglich nicht so leicht von ihren Bindungen an feste Standorte und von ihrer Materialität lösen, die Arbeiter können ihre Arbeits- und Produktionsmittel nicht als Datensatz auf der Festplatte mit nach Hause nehmen. Das nomadische Arbeiten dominiert das sesshafte folglich nicht. Auch wenn Forscher um Studienautor Paul Flatters die optimistische Vorhersage tätigten, im Jahre 2020 würden in Deutschland 81 Prozent der Arbeitnehmer als flexible und mobile Freiangestellte arbeiten[9], schätzen Arbeitsmarktforscher, dass es aktuell 20 bis 30 Prozent sind.[10] Die in diesem Buch aufgestellten Thesen sind deswegen nicht verallgemeinernd zu verstehen.

Der Titel des Buches „Reisesucht. Moderne Nomaden im Rausch der Mobilität" soll zunächst bewusst verwirren. Der Begriff Reisesucht ist aber

---

[8] Vgl. [Art.] Nomade. In: Duden online (Website).
URL:http://www.duden.de/rechtschreibung/Nomade, letzter Zugriff: 06.07.2011
[9] Vgl. Albers, Markus (2009): Digitale Nomaden: Wenn die Grenze zwischen Arbeit und Heim verschwindet. Juni 2009. In: markusalbers.com (Website). URL: http://www.markusalbers.com/artikel/weitere/detecon-management-report--digitale-nomaden/, letzter Zugriff: 18.07.2011. o.S.
[10] Vgl. Jostes, Dirk (2011): Mobil und immer bereit? Die Zukunft des Arbeitens. In: ARD-Themenwoche 2011 (Website). URL:
http://web.ard.de/themenwoche_2011/?p=2046, letzter Zugriff: 18.06.2011. o.S.

nicht touristisch zu verstehen. Der virtuelle Raum konnte bis heute, allen gegenteiligen Prognosen zum Trotz, die physische Bewegung nicht ersetzen. Der Verkehr stößt vielmehr zunehmend an seine logistischen und ökologischen Grenzen. Der Begriff Reisesucht ist gekoppelt an die Fragestellung, was der physischen Mobilität immanent ist, was virtuell nicht simuliert werden kann. Was liegt dieser scheinbar unauslöschlichen „Sucht" nach Reisen, im Sinne physischer Mobilität, zugrunde? Der Terminus kann aber genauso gut auf das Virtuelle bezogen werden, auf die „Sucht" immer und überall präsent sein zu wollen. Der Untertitel „Moderne Nomaden im Rausch der Mobilität" verweist auf den Teil des Buches, in dem das moderne Nomadische vom Sesshaften abgegrenzt wird. Was macht das Nomadische aus, ist es gar der Rausch der Geschwindigkeit, das Bewegen um der Bewegung willen?

2 Grundlagen

2.1 Reisen als mediale Struktur

Schon der altgriechische Historiograph Herodot (490/480 v. Chr. - um 424 v. Chr.) verstand „Reisezeit als Zeitreise, als Medium, um sich gleichzeitig in Zeit und Raum zu bewegen."[11] Das Reisen scheint also medienwissenschaftlich von Relevanz zu sein. Dass tatsächlich sowohl die physische Reise, basierend auf dem Verkehrssystem, als auch die virtuelle Reise, der das System der Telekommunikation zugrunde liegt, als mediales Konstrukt betrachtet werden können, soll im Folgenden aufgezeigt werden.

Zwei Gemeinsamkeiten verbindet die Reise, im Sinne einer physischen oder virtuellen Fortbewegung, mit der Idee, die sich hinter dem Begriff eines Mediums verbirgt. Einerseits ist beiden die Fähigkeit immanent, Distanzen zu überwinden. Andererseits verändern beide den Blick des Betrachters auf das zu Betrachtende, indem sie sich *dazwischenschieben*.

Der erste Teil der These bezieht sich auf die Theorie Marshall McLuhans, Medien seien Erweiterungen der menschlichen Funktionen, also Ausdehnungen der einzelnen Körperteile sowie Sinnesfähigkeiten. Der Mensch spiegle seine körperlichen und psychologischen Funktionen in der Außenwelt wider und amputiere sie gleichzeitig. McLuhan erklärt, dass

> [a]lle Medien [...] eine Rekonstruktion [sind], ein Modell einer biologischen Fähigkeit, die die menschlichen Anlagen über sich hinausführt: Das Rad ist eine Ausdehnung des Fußes, das Buch eine Ausdehnung des Auges, die Kleidung eine Ausdehnung der Haut, und der elektronische Stromkreis ist eine Ausdehnung des zentralen Nervensystems.[12]

Somit können auch Verkehrsmittel (mit dem Rad als Grundlage) als Erweiterung der Füße respektive der menschlichen Fähigkeit, sich physisch fortzubewegen, angesehen werden. Die Eisenbahn beispielsweise beeinflusste nicht nur die Entwicklung des Transports, sondern auch die der Städte, die sie untereinander verband, sie ausdehnte und somit zur Wei-

---

[11] Gleich 1998, 81f
[12] McLuhan/Powers 1995, 121

terentwicklung führte.[13] Sie vergrößert damit das Ausmaß früherer Funktionen und überwindet Distanzen. Sie kann demnach als Prothese eines menschlichen Körperteils, genauer des Fußes oder des gesamten Bewegungsapparates betrachtet werden.

McLuhans Medientheorie ist in gleichem Maße auf die virtuelle Reise anwendbar. Ebenso wie seiner Meinung nach im Gehirn jedes Element mit jedem anderen durch Schnittstellen zusammenhängt,[14] ist es bei entsprechender technischer Ausstattung auch möglich, sich mit jedem anderen Menschen per Telefon, Fax oder E-Mail zu verbinden. Die Telekommunikationstechniken können folglich als Extensionen des Gehirns betrachtet werden. Das Internet stellt für McLuhan aufgrund seiner Netzstruktur eine Ausstülpung des menschlichen Nervensystems dar.[15]

Verkehrs- und Kommunikationsmittel helfen demzufolge dem Menschen, Distanzen zu überwinden, indem sie seine scheinbar unzulänglichen körperlichen Funktionen als mediale Prothesen erweitern. Diese medialen Amputationen sind jedoch nicht nur unterstützende Hilfsmittel, denn sie agieren nicht neutral:

> Zum Beispiel erweitert das Automobil unsere Fähigkeiten, Entfernungen schneller zu überwinden sowie bis zu einer technisch bedingten Grenze Frachten zu transportieren, jedoch beeinflußte diese Erfindung die Beziehung des Menschen zu Zeit und Raum fast von Beginn an.[16]

Dieser Aspekt der Beeinflussung des Menschen führt zum zweiten Teil des zu Beginn aufgestellten Vergleichs von Reise und Medium. Er beruht auf der Theorie, dass Medien ein Zwischenraum zwischen dem Betrachter und dem zu betrachtenden Objekt darstellen. Sie vermitteln, ohne selbst unmittelbar zu bleiben.[17] Medien ermöglichen zwar oft erst die Wahrnehmung, verändern diese aber auch gleichzeitig, weil sie nicht zurücktreten

---

[13] Vgl. Shivelbusch 1989, 158ff
[14] Vgl. ebd., 79
[15] Vgl. Rötzer 1998, 65
[16] McLuhan/Powers 1995, 34
[17] Mersch 2006, 18ff

respektive eliminiert werden können. An dieser Stelle sei abermals die Eisenbahn als Beispiel heran gezogen. Beim Blick aus dem Zugfenster steht etwas zwischen dem Reisenden und der vorbeiziehenden Landschaft. Dieses Dazwischen meint nicht nur das Glas der Fensterscheibe, sondern die gesamte Einheit von den Schienen, die künstlich in den Raum gelegt wurden, bis hin zum dynamischen Zug, der den Reisenden in seinen Abteilen einschließt. Der Blick ist entrückt von der Realität durch das mediale Ensemble, das im Dazwischen ruht. Der Reisende ist nicht mittendrin, nicht in Tuchfühlung mit der Landschaft, er ist ein eingeschlossener Beobachter hinter der Scheibe. Die Eisenbahn als mediales Konstrukt ist das Vermittelnde, sie bleibt dabei aber nicht unmittelbar. Durch ihre infrastrukturelle Erschließung der Welt schafft sie den Zugang zu weit entfernten Landschaften, entfremdet den Reisenden gleichzeitig auch wieder von ihnen. Sie stört und verändert den direkten Blick. Das am Fenster Vorbeiziehende erhält dabei etwas Magisches und wird ästhetisiert, was auch der Autor Robert M. Pirsig belegt:

> Im Auto sitzt man ja immer in einem Abteil, und weil man so daran gewöhnt ist, merkt man nicht, daß alles, was man durchs Auto sieht, auch wieder bloß Fernsehen ist. Man ist passiver Zuschauer, und alles zieht gleichförmig eingerahmt vorüber.[18]

Verkehrsmittel erscheinen offenbar ähnlich wie Kommunikationsmittel, weil sie eines vereint: ihr passiver und medialer Charakter.

Bei der virtuellen Reise gibt es ebenfalls einen nicht zu überwindenden Zwischenraum. Das Interface[19] wie beispielsweise das Fenster, in dem eine Website geöffnet wird oder die Taskleiste lassen sich nicht eliminieren. Bexte sieht sogar die Verbindungsstücke der Endgeräte, also die Kabel als Medien an. Dieser Vergleich scheint auf den ersten Blick eventuell etwas weit hergeholt, doch auch Kabel sind Zwischenstücke, sie liegen in der

---

[18] Robert M. Pirsig zitiert nach Bocconi 2007, 130
[19] McLuhan betrachtet das Interface nicht als Schnittstelle sondern vielmehr als Nahtstelle oder Zwischenstelle. Vgl. McLuhan/Powers 1995, 26

Mitte (lat. *medium*, Mitte, Mittelpunkt)[20] zwischen dem Betrachter und dem zu betrachtenden Bild, gleichwohl der Raum zwischen beiden überwunden scheint. Folglich wird auch bei der virtuellen Reise nichts direkt oder rein wahrgenommen. Digitale Medien und Kabel im Besonderen senden elektrische Signale und überwinden Distanzen, aber sie sind nicht neutral, ihre Materialität tangiert jede Nachricht.[21]

Bei den traditionell umherziehenden Völkern waren die Tiere als „die natürlichen ‚Medien' der Nomaden, die Bindeglieder zwischen Mensch und Natur. Sie [verbanden] quasi als ‚Übersetzer' den Hirten mit Steppe und Wüste".[22] Heute sind es die Verkehrs- und Kommunikationsmittel, die Distanzen überwinden und sich dazwischenschieben. Jedoch wird der Mensch im modernen Kontext nicht mit der Natur verbunden, sondern es sind die Menschen untereinander, die einer medialen Verbindung sowohl physischer als auch virtueller Art bedürfen.

2.2 Ein Umriss des Mobilitätsbegriffs

In seinem Buch RASENDER STILLSTAND erzählt Paul Virilio eine Anekdote von einer jungen Frau, die auf die Frage „Was beängstigt sie wirklich?" die Antwort gibt: „Daß alles statisch wird. Daß die Maschine anhält…, deshalb nehme ich niemals mehr als zehn Tage Urlaub. Mich erschreckt die Unbeweglichkeit."[23]

Mobilität (lat. *mobilitas*, Beweglichkeit)[24] ist kein modernes oder junges Phänomen. Der Drang zum Wandern ist, wie im Folgenden belegt wird, ebenso natürlich und alt wie der, sesshaft zu sein. Die beiden Lebensformen, das Sesshafte und das Nomadische existierten schon immer neben-

---

[20] Vgl. [Art.] Medium. In: Duden online (Website). URL: http://www.duden.de/rechtschreibung/Medium_Vermittler_Traeger, letzter Zugriff: 12.07.2011
[21] Vgl. Bexte 2002, 18ff. Betroffen von der Materialität der Kabel ist beispielsweise die Frequenz bei der Übertragung der menschlichen Stimme. Vgl. Kapitel 4.2.3
[22] Gleich 1998, 52 [Hervorhebung im Original]
[23] Virilio 1998, 138
[24] Vgl. [Art.] Mobilität. In: Duden online (Website). URL: http://www.duden.de/rechtschreibung/Mobilitaet, letzter Zugriff: 06.07.2011

einander und sind nicht als aufeinanderfolgende Kulturstufen zu betrachten, obgleich historisch gesehen immer eine der beiden die andere dominierte.[25] Zuerst brachte die neolithische Revolution der Jungsteinzeit[26] den Menschen der Jäger- und Sammlerkultur dazu, seine innere Ruhelosigkeit zu zähmen. Ackerbau und Viehzucht ließen den Großteil der Menschen sesshaft werden und sich fest ansiedeln, was später zur Verstädterung führte. In der Gegenwart ist fortschrittlich, wer mobil und flexibel ist. Mobilität in ihren verschiedenen gesellschaftlichen Ausprägungen kann somit als anthropologische Konstante gesehen werden. Sie hat sich gegenwärtig ausdifferenziert und ihr Ausmaß verstärkt. Sie ist zu einem eigenständigen Wert geworden, der allerdings unbestimmt bleibt. Eine Definition erscheint schwierig, auch wenn Michael Gleich es in MOBILITÄT. WARUM SICH ALLE WELT BEWEGT versucht: „Mobilität ist die Notwendigkeit, die Fähigkeit und das Bedürfnis von Lebewesen, den Ort zu wechseln, um zu Ressourcen zu gelangen."[27] Auf die Gegenwart angewandt, sind die durch Fortbewegung zu erreichenden Ressourcen die Chancen auf einen besseren Job. Trotz der scheinbaren Unbestimmbarkeit wird im Folgenden versucht, einen Umriss des Begriffs zu entwickeln.

Mobilität bedeutet nicht nur eine räumliche, sondern auch eine geistige Beweglichkeit, die nach neuen Erfahrungen und gedanklichen Horizonten strebt.[28] Beide Formen werden bereits bei jungen Menschen gefördert. Auslandsaufenthalte beginnen schon in der Schul- und Studienzeit, um

---

[25] In der "traditionellen Gesellschaft", also bis ins 18. Jahrhundert, wurden Bewegungen jedoch kaum als Mobilität wahrgenommen, sie war kein Wert an sich, kein Ziel, sondern wurde von außen auferlegt. Vgl. Bonß/Kesselring 2001, 178

[26] Der Begriff wurde von Vere Gordon Childe geprägt. Er bezeichnet eine Epoche, die sich durch die Aufgabe des nomadischen Lebensstils (des Jäger- und Sammlertums) sowie die Schaffung fester Siedlungen kennzeichnet und ist zwischen 9000 und 5.500 v.Chr. zu datieren.Vgl. [Art.] Die Neolithische Revolution 9.000 v.Chr. – 5.500 v.Chr. In: wissen.de (Website). URL: http://www.wissen.de/wde/generator/wissen/ressorts/geschichte/epochen/Vor-~20und~20Fr~C3~BCgeschichte/index,page=2450320.html, letzter Zugriff: 06.07.2011. o.S.

[27] Gleich 1998, 11

[28] Vgl. Englisch 2001, 37

dadurch bereits frühzeitig die Berufsperspektive zu verbessern.[29] „Im Zeitalter des Internet und der Globalisierung der Märkte wird die Mobilität der Personen in Europa immer unerlässlicher", steht im Europäischen Mobilitätspass der Europäischen Kommission geschrieben. Dieser Aktionsplan für die Mobilität hat das Ziel „möglichst vielen Menschen die Mobilität zu ermöglichen" und damit grenzüberschreitendes Lernen noch weiter zu vereinfachen. Er wirbt mit Schlagwörtern wie „Zeitgemäß leben, d. h. mobil sein, über die Grenzen hinweg" und „Mobil sein heißt, mit der Zeit gehen."[30]

Der Begriff der Flexibilität (Biegsamkeit, Elastizität)[31] geht mit dem der Mobilität einher. Dieser Terminus, der erst im 15. Jahrhundert im englischen Wortschatz auftauchte und beschrieb, wie ein Baum sich zwar im Wind biegt, aber immer wieder zu seiner Ausgangsform zurückkehrt, erfuhr eine Bedeutungsverschiebung. Stabilität kann in der Gegenwart als Erstarrung oder Leblosigkeit gesehen werden, wobei das Ziel nun nicht mehr darin besteht, zur Ausgangsform zurückzukehren.[32] Das Merkmal der Flexibilität beschreibt Richard Sennett in DER FLEXIBLE MENSCH. DIE KULTUR DES NEUEN KAPITALISMUS vielmehr als „die Hinnahme von Fragmentierung" sowie „die Fähigkeit sich von seiner eigenen Vergangenheit zu lösen".[33] Sind

---

[29] Im Frühjahr 2000 betonten die Bildungsminister der Mitgliedstaaten des G8 (USA, Frankreich, Deutschland, Japan, Italien, Kanada, Vereinigtes Königreich und Russland) in Okinawa, wie wichtig internationale Erfahrung für jeden Einzelnen ist. Am Beispiel des Erfolgs des Erasmus-Programms setzte sich der G8 das Ziel, in den nächsten zehn Jahren doppelt so viel Lehrenden, Studierenden, Forschern und Mitgliedern des im Bildungssektor tätigen Verwaltungspersonals wie bisher einen Auslandsaufenthalt zu ermöglichen. Vgl. Europäische Kommission (Ed.): Europa in Bewegung: Ein Europäischer Mobilitätspass. Mai 2010. In: europa.eu (Website). URL: http://ec.europa.eu/publications/booklets/move/29/txt_de.pdf, letzter Zugriff: 06.07.2011. o.S.

[30] 31 Länder beteiligen sich derzeit an den Gemeinschaftsprogrammen JUGEND, Sokrates, Leonardo da Vinci und den Marie-Curie-Stipendien. Vgl. Europäische Kommission (Ed.): Europa in Bewegung: Ein Europäischer Mobilitätspass. Mai 2010. In: europa.eu (Website). URL: http://ec.europa.eu/publications/booklets/move/29/txt_de.pdf, letzter Zugriff: 06.07.2011. o.S.

[31] Vgl. [Art.] Flexibilität. In: Duden online (Website). URL: http://www.duden.de/rechtschreibung/Flexibilitaet, letzter Zugriff: 06.07.2011

[32] Vgl. Bröckling/Krasmann/Lemke 2004, 82

[33] Sennett 1999, 79f

Mobilität und Flexibilität dennoch Werte, die Zukunftsperspektiven schaffen und den Lebensstandard verbessern können?

Der Kartograf und Begründer der Migrationsforschung Ernst G. Ravenstein beschreibt 1885 in den Gesetzen der Migration: „Migration ist gleichbedeutend mit Leben und Fortschritt; seßhafte Bevölkerung ist gleichbedeutend mit Stagnation."[34] Anhand von aktuellen Stellenanzeigen kommt der Eindruck auf, dass die Werte Mobilität und Flexibilität als Voraussetzung für persönlichen und beruflichen Erfolg gesehen werden. Oft wird nach einem im höchsten Maße reisefreudigen, mobilen und flexiblen Mitarbeiter gesucht. Für die Stellenausschreibung eines Malerjobs in Österreich beispielsweise verlangt die eigens vorhandene Kategorie Mobilität eine „uneingeschränkte Reisebereitschaft" und das Unternehmen Coca Cola gibt die vom Bewerber erwartete Reisefreudigkeit sogar in Prozentzahlen an.[35] Andersherum gehört das Versprechen dieser Eigenschaften zum Standardtext jedes Bewerbungsschreibens. Zahlreiche Auslandsaufenthalte auf dem Lebenslauf zeigen räumliche und geistige Mobilität und werden mit zusätzlicher Qualifikation gleichgesetzt. Der Bewerber der Kategorie „Homo mobilis"[36] weist eine große Horizonterweiterung auf, er ist buchstäblich *be-wandert*.

Diese Erkenntnis führt zu den negativen Sichtweisen auf die wachsenden Flexibilisierungs- und Mobilisierungszwänge. Mobilität kann zwar mit Beweglichkeit, aber eben auch mit Veränderbarkeit assoziiert werden. So wird beispielsweise im GLOSSAR DER GEGENWART, herausgegeben von Ulrich Bröckling, Susanne Krasmann und Thomas Lemke, Mobilität mit Verflüssigung übersetzt: „Das Flüssige verhält sich zum Festen wie das Rohe zum Gekochten." […] Der Mensch möge seinen Aggregatzustand ins

---

[34] Ravenstein zitiert nach Schlögel 2006, 40f. Es sei an dieser Stelle angemerkt, dass der Begriff „Migration" von Schlögel als „die große und kleine Ortsveränderung, die Tag für Tag, Jahr für Jahr stattfindet" definiert wird. Er hat in seinem Werk die gleiche Bedeutung wie der der Mobilität.
[35] Einige Beispiele der Stellenanzeigen, die nach mobilen Mitarbeitern suchen sowie Mobilität versprechen, befinden sich im Anhang.
[36] Gleich 1998, 7

Flüssige verschieben."[37] Hat das Flüssige über das Feste gesiegt und spült es zunehmend weg? Wenn man bedenkt, dass Hartmut Rosa in BESCHLEUNIGUNG. DIE VERÄNDERUNG DER ZEITSTRUKTUREN IN DER MODERNE auch den virtuellen Daten und Informationsströmen Eigenschaften von Flüssigkeiten zuschreibt[38], führt das zu der später zu untersuchenden Frage, ob in dieser Allegorie nicht nur das Sesshafte, sondern auch die physische Bewegung im Raum weggespült wird. Wolfgang Bonß und Sven Kesselring befürchten dazu in MOBILITÄT AM ÜBERGANG VON DER ERSTEN ZUR ZWEITEN MODERNE das Individuum werde wertlos und verliere seine festen Bezugspunkte im Orientierungssystem.[39] Dies führe auch laut Sabine Boomers zu destabilisierenden Kräften, Entwurzelung und Heimatlosigkeit, zu einem ewigen Prozess der Delokalisierung und Relokalisierung.[40] Des Weiteren scheint sich eine Klasse von Modernisierungsgewinnern herauszubilden. Wieso sollen sich Menschen außerhalb der Wohlstandszonen nicht auch vom Ruf nach Mobilität angesprochen fühlen? Die globale Beweglichkeit von Menschen, die für die Globalisierung wenig attraktiv erscheinen, ist noch stark eingeschränkt. Sie werden auch begrifflich als Migranten von den modernen Jobnomaden abgegrenzt, obwohl beiden Termini die Suche nach einem besseren Job und nach Wohlstand gemein ist.[41]

Es gibt so viele Begriffe und Formen der Mobilität, dass eine Kategorisierung schwerfällt und sie sich demnach eher als ein Kontinuum begreifen lässt. Das LEXIKON ZUR SOZIOLOGIE beispielsweise enthält 16 Arten, darunter räumliche, zeitliche, soziale, kulturelle und generationsbedingte Bewegungen.[42] Mobilität kann physisch oder virtuell, temporär oder permanent, freiwillig oder unfreiwillig geschehen, sie kann aktiv oder passiv sein.[43] Kurz vorgestellt werden soll hier der grundlegende Unterschied

---

[37] Bröckling/Krasmann/Lemke 2004, 307ff
[38] Vgl. Rosa 2005, 176f
[39] Vgl. Bonß/Kesselring 2001, 180f
[40] Vgl. Boomers 2004, 52
[41] Vgl. Holert/Terkessidis 2006, 259
[42] Vgl. Bonß/Kesselring 2001, 177
[43] Dieses Gegensatzpaar findet in der Mobilitätspyramide 2010 Anwendung. Sie ist in Ihrer Darstellung an die bekannte Ernährungspyramide der Deutschen Gesellschaft für Ernährung angelehnt und stellt den ersten wissenschaftlichen Vorschlag für eine

zwischen den zwei Formen, die für die vorliegende Untersuchung relevant sind: die physische sowie die virtuelle Mobilität.

Die physische Mobilität ist eine materielle, körperliche und maschinelle Überwindung von räumlicher sowie zeitlicher Entfernung, sie bedient sich dem System des Verkehrs, also den Transportmedien. Die Botschaft (der Zweck der Reise) wird mit dem Körper des Boten (dem Reisenden) zusammen transportiert. Die beiden intervenieren einander, durch ihre Reise durch den Raum verändert die Botschaft ihren Zweck und ihren Inhalt. Wenn Mobilität im Allgemeinen die Bewegung in *möglichen* Räumen darstellt, ermöglicht die Nutzung des Verkehrssystems die Bewegung in *konkreten* Räumen.[44]

Die Trennung zwischen Bote (Körper) und Botschaft (Zeichen), bedeutet den entscheidenden Wendepunkt zwischen physischer und virtueller Bewegung:

> Die virtuelle Mobilität datiert bereits zurück auf das Jahr 1832: Mit der Erfindung der Telegrafie erfolgte erstmals eine Trennung von Bote und Botschaft, genauer die Separation zwischen dem Körper des Boten und dem Zeichen der Botschaft. Elektronische Zeichen reisen heute ohne Körper.[45]

Der Körper bleibt vor Ort, nur die Stimme und das Bild des Menschen werden übertragen. Das bedeutet Beweglichkeit ohne notwendigerweise auch physisch mobil zu sein. Zudem kann die Bewegung im Virtuellen nicht in einem konkreten Raum geschehen, teilen sich Körper und Stimme oder Bild ja auf mehrere Räume auf. Diese Veränderung kann als Bruch mit dem bisherigen Konzept von Mobilität gesehen werden. Inwieweit dieser in der Nomadenmetapher, die im folgenden Kapitel vorgestellt wird, zum Tragen kommt, wird Untersuchungsgegenstand sein.

---

anzustrebende Verteilung der verschiedenen Mobilitätsformen im Alltag dar. Vgl. Klormann, Sybille (2011): Mobilitätspyramide 2010: Kein "weiter so"! In: ARD-Themenwoche 2011 (Website). URL: http://web.ard.de/themenwoche_2011/?p=16, letzter Zugriff: 06.07.2011. o.S.
[44] Vgl. Ifmo 2004, 8 sowie 57ff
[45] Ifmo 2004, 57

2.3 Die Nomadenmetapher in der Literatur

Die Metapher des modernen Nomaden repräsentiert die zuvor umrissenen Werte Flexibilität und Mobilität, zudem Weltgewandtheit sowie Unabhängigkeit[46]. Sie ist in der Literatur häufig, auch innerhalb anderer Bildnisse, zu finden.

Der Kulturphilosoph Thomas Macho beispielsweise sieht die Entwicklung vom Nomadischen zum Sesshaften und wieder zurück in drei geschichtlichen Epochen: einer nomadischen (die Zeit der Jäger und Sammler), einer agrarisch-sesshaften (die Verstädterung) und einer urban-neonomadischen Phase: „Letztere wird bestimmt durch moderne Verkehrsmittel, mobile Arbeitsorganisation und distanzüberwindende Kommunikationsmittel."[47] Diese neonomadische Phase, die sich aus physischer und virtueller Mobilität zusammensetzt, erhält durch die Nomadenmetapher eine Begrifflichkeit. Karl Schlögel zufolge steht der moderne Nomade für Migration, also sowohl für freiwillige, aber auch erzwungene Ortsveränderung:[48] „Die neue Welt bringt den Bewohner hervor, der ihr angemessen und vielleicht sogar gewachsen ist. Das ist die Stunde der Nomaden. Ohne sie wären wir verloren."[49] Holm Friebe und Sascha Lobo setzten die Nomadenmetapher in WIR NENNEN ES ARBEIT. DIE DIGITALE BOHÈME ODER INTELLIGENTES LEBEN JENSEITS DER FESTANSTELLUNG mit der Entstehung einer digitalen Bohème gleich, die innerhalb einer informellen Gruppenstruktur selbstbestimmt lebt und arbeitet. Diese Lebens- und Arbeitsweise lasse sich im Gegensatz zur abhängig beschäftigten Bourgeoisie schlecht mit einem festen Arbeitsvertrag vereinen.[50] Heiner Hastedt definiert die Umherziehenden in seinem Buch MODERNE NOMADEN ganz allgemein als „Ortswechsler, die auf der Suche nach Arbeit und Wohlstand ihren angestammten Wohnort verlas-

---

[46] Vgl. Boomers 2004, 19
[47] Magerl/Babisi/Stenzel (1999): Die fantastischen Vier. In: Zeit online (Website). URL: http://www.zeit.de/1999/49/199949.entscheiden_noma.xml, letzter Zugriff: 11.07.2011. o.S.
[48] Vgl. Schlögel 2006, 25
[49] Ebd., 119
[50] Vgl. Friebe/Lobo 2006, 15ff

sen."⁵¹ Wolfgang Bonß und Sven Kesselring differenzieren den Begriff und sehen eine Weiterentwicklung der Arbeitsmigranten der Ersten Moderne zu den digitalen Nomaden der Zweiten Moderne. Beiden immanent sei aber die Loslösung von Attributen wie definierter Örtlichkeit, Heimatgefühl sowie Ortsverbundenheit.⁵² Die zu untersuchende Nomadenmetapher liegt jedoch nicht in solch einem Stufenmodell begründet, sondern lässt sich als eine Mischung von vielen Modellen zu einem großen Gesamtbild verstehen.

Etwas ausführlicher soll hier eine Auswahl interessanter Verwendungen der Nomadenmetapher bei Marshall McLuhan, Jaques Attali, Vilém Flusser, Zygmunt Bauman sowie Richard Sennett vorgestellt werden.⁵³ Zum Abschluss wird kurz das Bildnis des Wanderers von Béla Balázs beschrieben, das zwar schon in den 1920er Jahren entstand, dennoch ausgezeichnet zum gegenwärtigen Gebrauch der Metapher und zu den zuvor beschriebenen Bildnissen passt.

Marshall McLuhan ist vermutlich der erste Theoretiker, der die Metapher des modernen Nomadentums für ein urbanes Phänomen anwendet. Er prognostiziert bereits in den 1960er und 1970er Jahren die Entwicklung des Arbeitnehmers zu einem mobilen, permanent weltreisenden Menschen.⁵⁴ Auch das berühmte Bildnis des globalen Dorfes, in das sich die Gesellschaft durch die modernen Kommunikationsmittel verwandle, sei für den Menschen der Zukunft von großer Bedeutung, denn er „wird ein beschleunigter, elektronischer Nomade sein – überall unterwegs im globalen Dorf, aber nirgends zu Hause."⁵⁵

Jaques Attali sieht in den 1980er Jahren hingegen die Gefahr einer Gesellschaftsspaltung aufkommen. Er befürchtet die Herausbildung einer Hierar-

---

[51] Hastedt 2009, 15
[52] Vgl. Bonß/Kesselring, 2001, 189
[53] Dies geschieht in chronologischer Abfolge des Erscheinungsjahres der jeweiligen Literatur.
[54] Vgl. Albers, Markus (2009): Digitale Nomaden: Wenn die Grenze zwischen Arbeit und Heim verschwindet. Juni 2009. In: markusalbers.com (Website). URL: http://www.markusalbers.com/artikel/weitere/detecon-management-report--digitale-nomaden/, letzter Zugriff: 18.07.2011. o.S.
[55] McLuhan zitiert nach Englisch 2001, 9

chie des Wissens in drei Klassen bezogen auf die physische und virtuelle Mobilität. Der ersten, kleineren Klasse gehören demzufolge die hoch mobilen und erfolgreichen „Angeschlossenen" an. Er nennt sie auch die „Hypernomaden", weil sie überlegen und unabhängig seien und die Möglichkeiten besäßen, um die Welt zu reisen. Die zweite und größte Klasse bilden die Arbeitskräfte als „virtuelle Nomaden" oder „Eingeschlossene", deren (ausschließlich virtuelle) Bewegung kontrolliert würde. In Attalis Typenlehre wird die Mobilität zum höchsten Wert erklärt und die Sesshaften der untersten Klasse zugeordnet. Sie seien die „Infranomaden" oder die „Ausgeschlossenen", die weder virtuell noch physisch nennenswert beweglich seien.[56]

Vilém Flusser bezeichnet sich selbst als lebenslangen Flüchtling und Migrant, wenn er schreibt:

> Wir, die ungezählten Millionen von Migranten (seien wir Fremdarbeiter, Vertriebene, Flüchtlinge oder von Seminar zu Seminar pendelnde Intellektuelle) erkennen uns [...] nicht als Außenseiter, sondern als Vorposten der Zukunft.[57]

Mit der Behauptung „Allerorten beginnt man, sich über Nomaden den Kopf zu zerbrechen"[58], beginnt er seinen Artikel von 1992, der den Titel NOMADEN trägt und verdeutlicht, dass die Metapher des modernen Nomadentums wenig mit den traditionell umherziehenden Völkern, wie den Beduinen oder Mongolen, gemein hat. Vor allem das „kopflose Hin- und Herrennen [...] nach verschiedenen Rhythmen, die einander überlagern" entspräche nicht dem Wanderrhythmus der traditionellen Nomaden. Flusser hält den Vergleich mit Flöhen, „die auf der Erdoberfläche herumspringen" oder einem Ameisenhaufen, „der von einem transzendenten Fuß aufgeschreckt wurde"[59] für deutlich passender. Trotzdem sei das moderne Nomadentum historisch begründet:

---

[56] Vgl. Englisch 2001, 11 sowie Holert, Tom (2000): Genius Loci. New Economy, Flüchtlingspolitik und die neue Geographie der „Intelligenz". 11.05.2000. In: heise online (Website). URL: http://www.heise.de/tp/artikel/8/8132/1.html, letzter Zugriff: 18.07.2011. o.S.
[57] Flusser zitiert nach Schlögel 2006, 106
[58] Flusser 1992, 70
[59] Ebd.

> Die Gattung Mensch in all ihren Spielarten ist eine nomadisierende, jagende und sammelnde Säugetiergattung, die sich von den übrigen Gattungen durch das Benutzen von Werkzeugen unterscheidet.[60]

Flusser zufolge reagierte der Mensch auf die ökologische Katastrophe vor 10.000 Jahren, in der das Klima plötzlich wärmer wurde und die Steppen sich in Wälder verwandelten, nur aus Überlebensgründen. Er entwickelte sich vom Jäger und Sammler zum Landwirt und Viehzüchter und wurde sesshaft.[61] Diese Phase stellt für Flusser jedoch lediglich „eine zehntausend Jahre währende Unterbrechung des Nomadentums" dar.[62] In der Gegenwart verwandeln sich die agrarisch nutzbaren Felder in immaterielle, zum Beispiel elektromagnetische Felder. Diese Veränderung zwinge den Menschen zum Wechsel in eine neue, abermals nomadische Lebensform. Ob diese, ziemlich einfach gehaltene, geschichtliche Argumentation bedingungslos zutrifft, ist fraglich, schließlich resultierte die Verstädterung auch daraus, dass das Bevölkerungswachstum rasant zunahm und nomadische Lebensweisen relativ viel Platz beanspruchen.

Zygmunt Bauman schafft in FLANEURE, SPIELER UND TOURISTEN. ESSAYS ZU POSTMODERNEN LEBENSFORMEN von 1997 gleich fünf Bildnisse, die zur Metapher des modernen Nomaden gezählt werden können. Zunächst charakterisiert er den modernen Menschen als Pilger und schafft damit eine Basis für die übrigen vier Bildnisse des Flaneurs, Vagabunden, Touristen und des Spielers als Allegorie auf die postmodernen Lebensstrategien.[63] Dem *Pilger* sei ein Bewegungsmoment inhärent, denn die Wahrheit liege für ihn immer ein Stück weit entfernt: „Wo immer der Pilger gerade sein mag, es ist nicht da, wo er sein sollte, und nicht dort, wo er zu sein träumt."[64] Allerdings unterscheidet sich der Pilger maßgeblich von der Metapher des modernen Nomaden, denn er wählt früh im Leben einen Zielpunkt und spart für die Zukunft. Das ziellose Dahintreiben ist dann eher ein Charakteristikum des darauffolgenden Bildnisses: dem Menschen als *Spaziergänger*

---

[60] Ebd., 70
[61] Dies beschreibt sich in der neolithischen Revolution. Vgl. Kapitel I
[62] Flusser 1992, 70
[63] Vgl. Bauman 1997, 149
[64] Ebd., 136

oder als *Flaneur*, wie auch Walter Benjamin ihn nennt. Bauman sowie Benjamin klassifizieren diesen als die zentrale Symbolfigur des Straßenlebens der Stadt, der andere Menschen lediglich als Oberflächen wahrnimmt und „[d]en Zeitenfluß zu unzusammenhängenden Fragmenten [spaltet]: Psychisch bedeutet Spazierengehen, die menschliche Realität als eine Reihe von Episoden zu proben – als Ereignisse ohne Vergangenheit und ohne Konsequenzen."[65] Der *Vagabund* als drittes Bildnis habe kein festes Ziel, er besitze lediglich die Hoffnung, woanders etwas Besseres zu finden. Dort angekommen, bleibe er immer fremd, werde nie heimisch oder verwurzelt, denn „er riecht noch nach den vorherigen Orten seines Aufenthalts." Genau wie der Vagabund ist auch Baumans *Tourist* fortwährend unterwegs und gehört nie dazu, die Fremde erscheint ihm zahm, weil er nicht tief genug in sie eintaucht. Er wandle von einer Episode zur nächsten, doch was ihn vom Vagabunden abgrenze, sei seine freiwillige Ungebundenheit. Er lasse sich in die Sparte der Modernisierungsgewinner einordnen, brauche aber stets die gemütliche Heimat als Ort der Rückkehr. Der *Spieler* als letztes Bildnis Baumans verkörpert ebenso Episodenhaftigkeit, denn jedes Spiel steht, genau wie ein Lebensabschnitt des Nomaden, für sich. Die Zeit unterteile sich lediglich in eine Abfolge von Spielen, ein jedes in sich abgeschlossen und unabhängig.[66] Dieses Bildnis gleicht dem fragmentarischen und nicht-linearen Zeitverlauf des Nomadischen.[67]

Die vier Bildnisse, die früher Randgruppen betitelten, lassen sich zusammengefügt (denn sie existieren nicht einzeln, sondern nur in ungleichen Vermischungen) gut in die Metapher des modernen Nomaden einordnen, schließlich sind ihnen einige Hauptmerkmale gemein: die Furcht vor Festlegung[68], das ziellose Dahintreiben, die Fragmentierung der Zeit und des Leben in eine Episodenhaftigkeit sowie das Gefühl des Fremd-Seins.

---

[65] Ebd., 150
[66] Vgl. Bauman 1997, 156ff
[67] Vgl. Kapitel 3.1
[68] Weiterführend dazu gibt es nach Riemann die 4 Grundformen der Angst, wo die hier erklärte Angst vor der Festlegung in der Angst vor der Notwendigkeit begründet liegt. Vgl. Stangl, Werner (2011): Fritz Riemanns „Grundformen der Angst". In: werner stangls arbeitsblätter (Website). URL: http://arbeitsblaetter.stangl-taller.at/EMOTION/Riemann.shtml, letzter Zugriff 16.07.2011. o.S.

„Alle vier miteinander verflochtenen und einander durchdringenden postmodernen Lebensstrategien haben die Tendenz gemeinsam, menschliche Beziehungen fragmentarisch und diskontinuierlich werden zu lassen", fasst Bauman zusammen.[69] Die Vermutung liegt nahe, dass der für die Zukunft sparende Pilger noch stets in den vier postmodernen Lebensstrategien enthalten ist. Schließlich scheint der Traum vom Haus im Grünen sowie einer gewissen Geborgenheit und Stabilität trotz seines modernen Nomaden-Daseins dem Menschen immer noch ein Bedürfnis zu sein.

Richard Sennett sieht schließlich in DER FLEXIBLE MENSCH. DIE KULTUR DES NEUEN KAPITALISMUS von 1999 den Begriff der Drift als passende Allegorie für den ziellos umherstreifenden Menschen. Der flexible Kapitalismus, der von starren, bürokratischen Formen abrücke, führe zu Unsicherheit, fehlender Kohärenz (man finge immer wieder bei Null an), fehlenden sozialen Bindungen sowie Routinelosigkeit. Aus diesen Faktoren setze sich schließlich die Drift, die als ein zielloses Dahintreiben definiert werden könne, zusammen.[70] Die Kurzfristigkeit des neuen Kapitalismus verhindert Sennett zufolge eine auf Langfristigkeit angelegte Berufskarriere, da die Arbeitnehmer zunehmend ihre Tätigkeiten wechseln und damit immer kürzer in den Unternehmen verweilen. Statt fester Schichten sei der Arbeitsalltag ein Mosaik der der Drift ausgesetzten Menschen, die nach unterschiedlichen Zeitplänen arbeiten. Sennetts Allegorie ist durchaus negativ besetzt, da er dem menschlichen Charakter auch zuspricht, im Grunde auf Langfristigkeit, Verlässlichkeit und Entwicklung angewiesen zu sein.[71]

Béla Balázs bedient sich bereits 1925 in DER PHANTASIE-REISEFÜHRER, DAS IST EIN BAEDEKER DER SEELE FÜR SOMMERFRISCHLER Bildern, die den bereits vorgestellten stark ähneln. Für den sich Zeit seines Lebens als wandernder Europäer und Jude selbst inszenierenden Balázs ist es jedoch nicht ent-

---

[69] Bauman 1997, 163
[70] Vgl. Sennett 1999, 37 sowie 110
[71] Vgl. ebd., 72ff

scheidend, wie der Mensch übers Land *geht*, sondern wie er darüber *schaut*, wie sein Verhältnis zur Welt ist. Er führt in seinen Texten ebenfalls den *Spaziergänger* an, der aber für Balázs lediglich Gymnastik macht. Er gehe nicht weg und komme nicht an, sein Verhältnis zur Welt bleibe immer gleich. Auch der *Tourist* verschiebe seinen Standpunkt in der Welt nur temporär und kehre nach dem Ausflug immer wieder ins heimische Nest zurück. Der *Reisende* habe zwar stets ein Ziel und verfolge immer eine Absicht, was für ihn die Bewegung aber nur zu einem Mittel zum Zweck mache. Es seien demnach die inneren Zustände, die sich unterscheiden, nicht die Gangarten. Aus diesem Grund ist das Wandern für Balázs die Bewegungsform schlechthin. Der *Wanderer* habe kein Heim wie der Tourist und kein Ziel wie der Reisende, er kenne kein Ankommen und kein Erreichen, sei aber auch kein umherstreifender Vagabund, denn er habe zwar keine Absicht, aber eine Sehnsucht, zwar kein Ziel, aber eine feste Richtung. Er wolle nicht immer nur weiter gehen, sondern auch weiter kommen. Der Wanderer ist laut Balázs ein Fremdling mit gleichbleibender Distanz zur Umgebung und er sieht in jedem Kleinen das Ganze. Er finde Ruhe nur im Wechsel, Bewegung und Abenteuer seien seine natürlichen Lebensformen. Der Anschein, Heim und Herd zu haben, sei nur ein (wenn auch manchmal jahrelang anhaltender) Zwischenfall.[72] „Er ist eben ein Geselle, der weiterwandern muß, weil er selbst noch nicht fertig ist"[73], schreibt Balázs. Dieses Verhältnis des Wanderers zur Welt wird auch in einigen Facetten des Nomadischen auftauchen.

Inwiefern sich die Eigenschaften der in diesem Kapitel vorgestellten Bildnisse im Nomadischen wiederfinden, soll im folgenden Teil untersucht werden.

---

[72] Vgl. Balázs 2002, 85ff
[73] Ebd., 88

3 Das Nomadische und das Sesshafte

3.1 Offener Raum – Fester Standpunkt

Albert Einstein stellte 1905 noch vor der allgemeinen die spezielle Relativitätstheorie auf. Diese belegt, dass Längen und Zeiten vom Bewegungszustand abhängig sind: Beispielsweise vergeht die Zeit für einen bewegten Beobachter langsamer und Entfernungen in Richtung der Bewegung werden als verkürzt wahrgenommen. Die Längen mitgeführter Objekte verändern sich jedoch nicht.[74] Raum und Zeit sollten demnach im Nomadischen und im Sesshaften unterschiedlich wahrgenommen werden. Dieses Kapitel ist gegliedert in Raum, Zeit und Bewegung als die Verbindung der beiden Parameter. Es soll herausgearbeitet werden, was das Nomadische im Gegensatz zum Sesshaften in Bezug auf die Raum-Zeit-Ebene ausmacht.[75]

3.1.1 Raum

Die lange Phase der Dominanz des Sesshaften war Karl Schlögel zufolge eine bloße „Resignation vor der Unüberwindlichkeit der Distanz"[76], die nun aber mit der Verbreitung der Verkehrs- und Kommunikationsmittel ein Ende findet. Neue Räume seien produziert worden und mit ihr eine neue Kartographie.[77]

Das Nomadische besetzt einen offenen Raum, eine horizontale Ebene, die in jede Richtung beschritten werden kann. Das Sesshafte dagegen legt sich auf genau einen Standpunkt fest, was durch einen vertikalen Pfeil, der sich tief in die Erde hinein auf genau ein Ziel bohrt, symbolisiert werden kann. Die beiden Bewegungs- und Denkmodelle im Räumlichen begründet zu sehen, ist kein neuer Ansatz. Marshall McLuhan verbildlicht den räumlichen

---

[74] Vgl. Max-Planck-Institut für Gravitationsphysik (Ed.): Spezielle Relativitätstheorie. In: Einstein online (Website). URL: http://www.einstein-online.info/einsteiger/spezRT/?set_language=de, letzter Zugriff: 08.07.2011. o.S.
[75] Raum und Zeit werden im Folgenden als zwei gleichwertige Parameter betrachtet, auch wenn Diskurse um den Tod des Raumes, zugunsten einer aufkommenden Dominanz der Zeit (Vgl. beispielsweise Virilio 1978, 27f) anderes behaupten. Es gibt also nicht den Raum und die Zeit als Alternative, auch wenn der Mensch die beiden Kategorien als getrennt empfindet, denn die Bewegung vereint die beiden Dimensionen.
[76] Schlögel 2006, 80
[77] Vgl. ebd., 80f

Unterschied zwischen dem Sesshaften und dem Nomadischen in THE GLOBAL VILLAGE als den visuellen Raum, der sich durch Linearität und Stillstand charakterisiert, der aber vom akustischen Raum mit seiner diskontinuierlichen Struktur langsam abgelöst wird. Jener sei simultan, grenzenlos und mit allgegenwärtigem Zentrum.[78]

Gilles Deleuze und Félix Guattari manifestieren diesen Gegensatz in ihrer Abhandlung über Nomadologie in den Bildnissen des glatten Raums des Nomadischen sowie des gekerbten Raums des Sesshaften. Durch die Besetzung einer glatten, sich stets territorialisierenden und deterritorialisierenden Art der Verräumlichung definiere sich das Nomadische erst, es sei sein Ursprung. Dem kann nur bedingt zugestimmt werden, schließlich besteht die Problematik der vorliegenden Untersuchung darin, dass sich das Nomadische nicht fassen oder gar *definieren* lässt. Andererseits ist gerade deswegen der glatte Raum als Bildnis der nomadischen Verräumlichung zutreffend, denn am Versuch einer Definition rutscht man leicht ab und findet keine Eindeutigkeit, die Halt verspricht. Dieser offene, glatte Raum kann also als grundlegendes Charakteristikum des Nomadischen festgehalten werden. Das Meer oder die Wüste werden von Deleuze und Guattari als glatte Räume kategorisiert.[79] Und es gibt noch einen Raum, dem diese Eigenschaft in seinem Extrem innewohnt: der Wind. So schreibt Paulo Coelho in DER ALCHIMIST:

> [D]ie Winde wissen immer alles. Sie ziehen durch die Welt, ohne einen festen Ort zu haben, wo sie geboren werden oder wo sie sterben. [...] Aber der Wind [kommt] von nirgendwoher und [kehrt] auch nirgendwohin zurück, und deshalb [ist] er stärker als die Wüste. Eines Tages würde man in der Wüste vielleicht Bäume pflanzen und Schafe züchten können, aber niemals würde man den Wind beherrschen.[80]

Das GLOSSAR DER GEGENWART kennzeichnet den offenen Raum als „a-zentrisch labyrinthischen Raum, dessen Plan keiner kennt"[81]. Das Nomadi-

---

[78] Damit einhergehe die Ablösung der Dominanz des linkshemisphärischen Denkens hin zum rechtshemisphärischen Denken. Vgl. McLuhan/Powers 1995, 74ff
[79] Vgl. Deleuze/Guattari 1992, 484ff, 521 sowie 566
[80] Coelho 2008, 152f
[81] Bröckling/Krasmann/Lemke 2004, 308

sche symbolisiere den Übergang vom Zeitalter des Territorialen und Tektonischen ins Zeitalter der zirkulierenden Ströme. Diese Strudel reißen die bisher bestehende Ordnung aus ihren festen Verankerungen und bringen jegliche Orientierung zum Schwinden.[82] Sabine Boomers beschreibt das Ziel nomadischen Raumverhaltens wie folgt:

> Keine Spuren zu hinterlassen, keine Zurichtung des Raumes durch Markierung starrer Anhaltspunkte, keine Fixierung auf ein Ziel – hier geht es um eine Logik der Unschärfe, die das Prinzip der Deterritorialisierung als einer Entgrenzung, als einer flüchtigen Existenz im Übergang favorisiert.[83]

Inwiefern der Vergleich mit einem Labyrinth zutrifft, wird in Kapitel 3.3, indem es um die Struktur geht, analysiert. Fest steht, dass die stetige Territorialisierung und Deterritorialisierung des Nomadischen auch mit einem Gefühl der Delokalisierung und Desorientierung einhergeht. Beispielhaft dafür ist das Fliegen, bei dem der Mensch sich von der Erde, seiner bisherigen Bezugsachse, abhebt. Über den Wolken verliert sich jeglicher Bezug zur Räumlichkeit. Der Reisende befindet sich in einem medialen Dazwischen, einem nicht klar definierten Raum, der weder zum Verlassenden noch zum Balderreichten tendiert. Ist der Nomade dann, wie Virilio sagen würde, „in Geschwindigkeit"[84]?

Wenn ebene, offene Räume demnach nicht fixierbar sind, können sie sich denn überhaupt lokalisieren? Rutscht der Mensch nicht an ihrer glatten Oberfläche ab? Der Raum ist nicht vollständig eben, ein dicht geflochtenes Netz aus Knotenpunkten hebt sich von ihm ab. An ihnen hangelt sich das Nomadische entlang und hält sich fest, um nicht in eine vollständige Delokalisierung abzurutschen. Es ist das Netz der Metropolen, die Erhebungen darstellen. In ihnen hält sich der Nomade häufig auf, weswegen er sie oft besser kennt, als seine eigene Wohnumgebung.[85]

---

[82] Vgl. ebd., 308f
[83] Boomers 2004, 274f
[84] Vgl. Virilio 1978, 19
[85] Vgl. Kapitel 4.2.1

Keine Erhebungen, aber dafür tiefe Kerben weist der Raum der Sesshaftigkeit auf. Diese, die durch kulturhistorische Praktiken des Menschen sowie „Mauern, Einfriedungen und Wege zwischen den Einfriedungen"[86] zustande kommen, ermöglichen das Verweilen und geben Halt. Der Raum wird durch Einkerbungen codiert und decodiert, seine Inbesitznahme hat etwas Statisches und steht somit dem dynamischen, nomadischen Austausch gegenüber.[87]

Beide Formen, das Glatte sowie das Gekerbte, existieren jedoch nur aufgrund ihrer ständigen Vermischung: Das Meer als glatter Raum wird durch die Schifffahrt mit ihren festen Wegen, konstanten Richtungen und relativen Bewegungen immer weiter eingekerbt.[88] Andersherum haben die nomadischen Subjekte Einfluss auf den gekerbten Raum, da Mobilität in einem gewissen Grad auch die Räume verändert, die verlassen werden, auch sie können geebnet werden.

3.1.2 Zeit

Ebenso diskontinuierlich wie die Struktur des glatten oder akustischen Raumes charakterisiert sich die Zeit des Nomadischen als unzusammenhängend und fragmentarisch. Sie besteht aus unabhängigen, in sich geschlossenen Episoden, die den Raum nicht strukturieren, da sie keine Verbindungen untereinander aufweisen. Sie setzt sich wie das Leben von Baumans Spieler aus einzelnen, voneinander unabhängigen Spielen zusammen, deren Fragmentierung Routinelosigkeit erzeugt. Die sesshafte Zeitstruktur ergibt einen Zusammenhang, im Nomadischen erscheint die Zeit hingegen losgelöst von Vergangenheit und Zukunft. Verbildlicht werden kann die zeitliche Struktur des Nomadischen durch die Zeit als Fluss, der linear durch sein Bett fließt und von der Quelle bis zur Mündung durch Nebenstränge gespeist und nie unterbrochen wird. Die sesshafte Zeit gleicht in Anlehnung an die Wassermetapher eher einer Ansammlung von kleinen Seen. Auf den Kreis und die Linie als Archetypen der Zeitvorstellung

---

[86] Deleuze/Guattari 1992, 524
[87] Vgl. Boomers 2004, 263
[88] Vgl. Deleuze/Guattari 1992, 533

angewandt, bedeutet das Folgendes: Dem traditionellen Nomaden ist durch sein zyklisches Zeitbewusstsein eine Kreisform immanent, alles kehrt wieder, seine Bewegung verläuft zirkelförmig.[89] Das Zeitbewusstsein des Sesshaften kann demgegenüber mit einer Linie symbolisiert werden. Beide Symbole passen jedoch nicht zur modernen nomadischen Denkweise. Es ist die Linie, unterbrochen in Teilabschnitte und Episoden oder vielmehr ein buntes Mosaik aus unabhängigen Kacheln, das das moderne nomadische Zeitbewusstsein verbildlicht.

3.1.3 Bewegung

Das unterschiedliche Raum- und Zeitbewusstsein verbindet sich schließlich zu einem Gegensatz in der Bewegungsform. Der Sesshafte steht mit beiden Beinen fest auf dem Boden an einem Standpunkt. Wenn er sich bewegt, geht er linear und zielgerichtet von einem Punkt zum anderen. Der Nomade *er-geht* sich dagegen seine Erfahrungen. Er schafft sich seine Wege erst, indem er sie geht. Das Nomadische setzt dabei keinen Anfangs- und Endpunkt, was sich auch in Franz Kafkas Parabel DER AUFBRUCH zeigt - einer Beschreibung des Ritts eines Ich-Erzählers, der seine Heimat mit ungewissem Ziel verlässt. Seinen Zielort benennt der Protagonist als „weg-von-hier"[90]. Ein konkretes Ziel scheint dem Nomaden weniger wichtig zu sein, als die Bewegung durch den Raum, welche das eigentliche Erlebnis darstellt. Wenn Anfang und Ende in Form der Abfahrt und Ankunft eliminiert werden, dann ist es das Dazwischen, das bleibt. Diese Dominanz des Dazwischen, die „Kunst des Weges"[91] beschreibt sich in der These vom Wiederaufkommen des Trajekts (lat. Überfahrt)[92]. Diese besagt, dass die zurückgelegte Strecke lange hinter dem Subjekt und Objekt (dem Menschen und seinem Ziel) zurückstand. Mit der Entstehung der Stadt sei das Trajekt verlorengegangen und mit ihm das traditionelle Nomadentum.[93]

---

[89] Vgl. Flusser 1992, 70
[90] Vgl. Wieke 2000, 7
[91] Virilio 1996, 52
[92] Vgl. [Art.] Trajekt. In: Duden online (Website). URL: http://www.duden.de/rechtschreibung/Trajekt, letzter Zugriff: 07.07.2011
[93] Vgl. Virilio 1993, 40

Ist es dem modernen Nomadischen wieder immanent, lebt das Trajekt wieder auf?

Boomers erklärt dazu, dass sobald „jedes Angekommensein sich als fraglich entpuppt, als eine Zwischenstation mit dem Wissen, dass das nächste Ziel ein erst noch zu bestimmendes ist, [...] Kontinuität durch die Permanenz eines offenen Reisezustandes geschaffen [wird]."[94] Dieser offene Bewegungszustand im offenen Raum mit seinem mosaikhaften Zeitverständnis impliziert ja schon eine Ziellosigkeit. Er symbolisiert ein Mitgerissenwerden vom Strudel, der sich ständig neue Wege sucht. Diese Wege haben für den Nomaden eine ganz andere Funktion als für den Sesshaften, der durch sie einen geschlossenen Raum aufteilt und begrenzt. Laut Deleuze und Guattari stellt der nomadische Weg ein selbstständiges Dazwischen zweier Verbindungsstellen dar und hat eine eigene Richtung. Doch diese nomadische Richtung charakterisiert sich eher dadurch, dass sie keine ist. Schließlich wandelt der Nomade ziel-los und nicht ziel-gerichtet im offenen Raum umher:

> Der Nomade verteilt sich in einem glatten Raum, er besetzt, bewohnt und hält diesen Raum, und darin besteht sein territoriales Prinzip. Es wäre daher falsch, den Nomaden durch Bewegung zu charakterisieren.[95]

Ist der Nomade also folglich gerade der, der sich nicht bewegt, zumindest wenn davon ausgegangen wird, dass Bewegung sich allein durch ein genaues Ziel definiert? Das würde bedeuten, dass der Begriff Bewegung im Nomadischen umformuliert werden müsste, etwa zu einem Zustand der Ruhelosigkeit oder zu einem Zappen durch den Raum.

Genau wie ein offener Raum sich einkerben und eine ziellose Bewegung sich richten lässt, kann auch in Mobilität Routine einkehren. Pendler, die zwischen Arbeitsplatz und Wohnort täglich oder wöchentlich hin- und herfahren, sind im Sinne der Mobilitätsdefinition auf zu weit voneinander entfernt liegende Ressourcen angewiesen. Sie sind mobil, doch innerhalb

---

[94] Boomers 2004, 63
[95] Deleuze/Guattari 1992, 524

einer täglichen oder wöchentlichen Routine; ihre Bewegung ist nicht ziellos. Sie erfolgt linear zwischen klar definierten Punkten. Das Nomadische wird zwar durch Ortswechsel und Mobilität charakterisiert, aber es steht auch im klaren Gegensatz zum Wiederkehrenden und Regelmäßigen, wie der Bewegungen des traditionellen Nomaden oder eben des Pendlers. Daraus ergibt sich, dass der Pendler, im Gegensatz zu dem was zuvor angenommen wurde, nicht als nomadisch betrachtet werden kann. Was das Nomadische neben dem Grundlegenden, der Bewegung in Raum und Zeit, ausmacht, soll in den folgenden Kapiteln erarbeitet werden.

3.2 Mobiler Jobber – Berufener Produzent

Nach langjähriger Beschäftigung mit dem Thema der Vermischung von Arbeit und Privatsphäre erfand der Autor und Theaterregisseur René Pollesch die Heidi des 21. Jahrhunderts.[96] Zunächst hatte Heidi ihr Zuhause als Betrieb organisiert, weshalb es kein freundlicher Ort mehr war, aber inzwischen hat sich auch die Heimarbeit überlebt. Im zweiten Teil HEIDI-HOH ARBEITET HIER NICHT MEHR wandert sie mit ihrem Notebook und ihrem Smartphone, das sie als Körpercomputer bezeichnet, als obdachlose Telearbeiterin durch die Welt. Heidi-Hoh hat sich in prekäre Arbeitsverhältnisse eingestöpselt und wirft Technologien wie Tabletten ein. Sie *beschreit* in dem Stück 60 Minuten lang ihr Schicksal: „Ich bin eine Technologie und ich bin eine Tablette, aber da muss es doch noch etwas anderes geben. Schlafen zum Beispiel. Das würde ich jetzt gerne, aber ich bin einfach so voller Technologie, dass ich kein Auge mehr zu machen kann."[97]

Mobile Formen von Arbeit gab es schon vor dem Aufkommen der Telearbeit wie zum Beispiel die Wandergesellen, die sich auf ihrer zweijährigen Walz in verschiedenen Regionen ausbilden lassen. Gegenwärtig steigt die

---

[96] Aus diesem Charakter schrieb er eine Hörspieltrilogie mit den Titeln: „Heidi Hoh" (1999), "Heidi Hoh arbeitet hier nicht mehr" (2000) und "Heidi Hoh - die Interessen der Firma können nicht die Interessen sein, die Heidi Hoh hat" (2001). Der zweite Teil wurde vom Deutschlandradio Berlin, Norddeutschen Rundfunk sowie dem Westdeutschen Rundfunk produziert.
[97] Pollesch 2000, Minute 4

Zahl der Freelancer[98], freien Mitarbeiter oder „Job-Hopper"[99] mit von vornherein befristeten Arbeitsverträgen stetig an. Sie herrschen souverän über ihre eigene Arbeitskraft und gehen dorthin, wo sie gebraucht werden, auch wenn das häufige Wohnortwechsel mit sich bringt: „Die Menschen verrichten Arbeiten wie Klumpen, mal hier, mal da", schreibt Sennett.[100] Die Ursache für diese Entwicklung sieht er im flexiblen Kapitalismus, der von starren Formen abrücke und Routine ablehne, der die Verweildauer in Unternehmen verkürze und die Zahl der Erwerbstätigen, die im Laufe ihres Arbeitslebens unterschiedlichen Tätigkeiten nachgehen, anwachsen lasse.[101] Wie in Kapitel 2.2 herausgearbeitet wurde, kann Mobilität als eine Notwendigkeit definiert werden, um zu den Ressourcen des Lebens zu gelangen. Viele Tiere wie zum Beispiel Zugvögel überqueren ganze Kontinente, um ihre Nahrungsquellen, Winterdomizile oder Brutstätten zu erreichen. Der moderne Nomade ist immer auf dem Weg zum nächsten Job, auf der Suche nach einer besseren Chance auf dem Arbeitsmarkt.

Der Begriff Job wird hier bewusst verwendet. Als Medium der ständigen Anpassung oder als „Provisorium"[102] grenzt er sich ab von der Profession oder dem Beruf (veraltet Berufung, innere Bestimmung)[103], die beide eine lebenslange Tätigkeit beschreiben. Dem zu etwas Berufenem geht es um das Produzieren meist an einem festen Ort. Er ist sowohl in als auch meist an einer festen Stelle[104] beschäftigt. Der moderne Nomade dagegen jobbt um die Welt, er befindet sich in vielen Projekten oder Arbeitsfeldern gleichzeitig, relevanter als wo, wann und wie lange gearbeitet wird, ist das Ergebnis. Gundula Englisch stellt fest, dass dem Nomadischen eine freie

---

[98] Die sogenannten Freelancer leiten sich von den Soldaten („Condottieri") ab, die zwischen dem 14. und 16. Jhd. durch Europa zogen und für jene Auftraggeber in den Krieg zogen, die am meisten boten. Vgl. Englisch 2001, 101f
[99] Englisch 2001, 10
[100] Sennett 1999, 10
[101] Vgl. ebd., 72
[102] Bröckling/Krasmann/Lemke 2004, 86
[103] Vgl. [Art.] Beruf. In: Duden online (Website). URL: http://www.duden.de/rechtschreibung/Beruf, letzter Zugriff: 08.07.2011
[104] „Stelle" bedeutet „Punkt innerhalb eines Raumes", aber genauso auch „Beschäftigung" im Sinne einer „Arbeitsstelle". Vgl.[Art.] Stelle. In: Duden online. http://www.duden.de/rechtschreibung/Stelle, letzter Zugriff: 08.07.2011

Verfügung über die eigene Arbeitskraft inhärent ist: „Arbeit ist nicht mehr das, wo man hingeht, sondern das, was man ist, und das, was man tut."[105] Doch ganz ausschließen müssen sich das Nomadische und die Berufung nicht, schließlich fliegt auch derjenige, der sich zum Manager berufen fühlt, ein Berufsleben lang zu seinen Geschäftsterminen um den Globus.

Trotzdem stellt sich die Frage, ob sich die Arbeit des Nomadischen vom festen Standpunkt und im virtuellen Kontext sogar von den Parametern Raum und Zeit gelöst haben kann? Der mobilen Arbeit liegt die Kommunikation zugrunde, die sowohl Übertragung in Echtzeit als auch eine körperlose Überwindung des Raumes schafft. Florian Rötzer schreibt in dem Zusammenhang: „Ortlos ist die Organisation der Ströme von Menschen, Daten, Dingen, die sich zwischen Orten bewegen."[106] Ent-ortet und ent-zeitlicht hat sich Arbeit zwar nicht, doch zeigen die herausgearbeiteten nomadischen Raum- und Zeitstrukturen durchaus Auswirkungen auf die Lebensweise. Eine Veränderung der Definition von Arbeit sieht Richard Sennett beispielsweise im Motto „nichts Langfristiges".[107] Er hat insofern Recht, als dass die Nomadenmetapher das Bild von der Karriereleiter überlagert. Ähnlich wie die Zeit ihre Linearität verliert, gilt es keine Stufen mehr zu erklimmen auf dem geraden Weg des Arbeitslebens. Der Lebenslauf kann ebenso wie das Zeitbewusstsein durch ein buntes Mosaik aus Erfahrungen, Jobs und Projekten verbildlicht werden. Eine Karriere ist aber nicht ausgeschlossen, nur weil sie keinen geraden Verlauf hat. Eine große Vielfalt der Kacheln unterstützt den Nomaden beim Vorankommen und bedeutet qualitative Lebenserfahrung.

Der moderne Nomade arbeitet demnach mobil und selbstbestimmt. Ähnlich wie beim Umriss des Mobilitätsbegriffs lässt sich das Prinzip der Telearbeit als eine „flüssige Arbeitsweise"[108] sehen. Damit verwischt sie die

---

[105] Englisch 2001, 103
[106] Rötzer 1995, 161
[107] Vgl. Sennett 1999, 25ff
[108] Albers, Markus (2009): Digitale Nomaden: Wenn die Grenze zwischen Arbeit und Heim verschwindet. Juni 2009. In: markusalbers.com (Website). URL:

räumliche Grenze zwischen Arbeits- und Wohnraum. Das Büro des Telearbeiters befindet sich nämlich dort, wo sein Internetanschluss ist. Doch das ist nicht zwangsläufig im heimischen Wohnzimmer. Der nomadische Arbeitsplatz kann ein stundenweise angemieteter Schreibtisch in Co-Working-Verbünden wie dem betahaus Berlin[109] sein, oder wie im Falle Friebes und Lobos digitaler Bohème ein teilöffentlicher Ort - das Café der Großstadt. Das ideale Büro sei „vorne Café, hinten Schreibtisch und überall W-LAN"[110]. Als Grund, warum der Nomade trotz der bestehenden Möglichkeit nicht von Zuhause aus arbeitet, nennen die beiden Autoren das Gefühl, nichts verpassen zu wollen und immer dabei, also präsent auf allen Ebenen, zu sein. Außerdem habe die kurzfristige Gruppenbildung beim öffentlichen Arbeiten eine soziale Disziplinierungsfunktion.[111] Es stellt sich im Folgenden die Frage, ob das Nomadische mit dem Ende des klassischen Büros einhergeht.

Das klassische Büro wird von den Sesshaften besetzt, sie haben keinen „hochtechnologisierten Job" oder „Speedjob"[112]. Der berufene Produzent im klassischen nine to five job, also mit einem geregelten Arbeitstag, ist an feste Arbeitszeiten und seinen eigenen Schreibtisch gebunden. Er wird nach den Stunden bezahlt, die er ableistet. Das klassische Büro und die sesshafte Arbeitsweise existieren demnach weiterhin, und auch beim Nomadischen hat das Büro nicht vollständig ausgedient. Es wandelt sich jedoch zunehmend vom Ort der Produktion hin zum Ort der Begegnungen und des Austauschs. In der Microsoft-Zentrale in Amsterdam beispielsweise dürfen die Angestellten selbst entscheiden, ob sie physisch oder virtuell anwesend

---

http://www.markusalbers.com/artikel/weitere/detecon-management-report--digitale-nomaden/, letzter Zugriff: 18.07.2011. o.S.

[109] Auf der Homepage ist zu lesen: „Werte werden nicht mehr in klassischen Büros geschaffen. Wertschöpfung findet statt an unterschiedlichen Orten, zu unterschiedlichen Zeiten, in wechselnden Teamkonstellationen und ohne Festanstellung. Diese neue Art der Arbeit sucht ständig nach neuen realen und virtuellen Orten. Benötigt werden offene, digital vernetzte und kollaborative Arbeitsorte, die flexibel sind und als Inkubationsplattform für Netzwerk, Innovation und Produktion dienen." Das betahaus Berlin im Netz: www.betahaus.de, letzter Zugriff: 08.07.2011

[110] Friebe/Lobo 2006, 161

[111] Vgl. ebd., 154f

[112] Pollesch 2000, Minute 8 sowie 13

sein möchten. Die Pflicht der physischen Anwesenheit scheint durch eine ständige Erreichbarkeit ersetzt worden zu sein. Das Büro der Zukunft beinhaltet somit eine hohe Fluktuation von Angestellten, niemand hat dort einen eigenen Schreibtisch sondern lediglich einen eigenen Rollcontainer.[113] Auch architektonisch lässt sich Mobilität umsetzen: Containerbauten können immer wieder auf und abgebaut werden, unabhängig von einem festen Ort.

Das Extrem der nomadischen Arbeitsform ist wohl die Verwandlung des Körpers ins eigene Büro, das so immer mit umhergetragen werden kann. Laut Polleschs Telearbeiterin Heidi sind es eigentlich die Computer, die die Jobs erledigen und die Funktion des Arbeiters besteht lediglich darin, diese mit sich herumzutragen. Sie bezeichnet sich selbst als Datenträger.[114] Zwar stehen die Endgeräte wie der Laptop oder das Smartphone mit ihrer Materialität noch immer zwischen dem Nomadischen und der Arbeit, doch dieser Zwischenraum scheint immer schmaler zu werden. So beschäftigt sich die Kleidungsindustrie schon seit Jahren mit „Wearable Electronics" oder „Smart Clothing", also Funktionstextilien, die Kommunikationstechnologien beinhalten. Der Hersteller Levis entwarf eine Jacken mit einem Mikrofon in der Kapuze. Vorstellungen für die Zukunft sind Ringe, die eingehende Anrufe anzeigen und Knöpfe oder Reißverschlüsse, die als Fernbedienung dienen.[115] Das zunehmende Eliminieren des Dazwischen, dem Näherrücken der Arbeit durch die Entwicklung des Körpers zum wandelnden Büro, gibt der Pflicht der ständigen Verfügbarkeit eine ganz neue Dimension. Der Nachteil der technischen Weiterentwicklung von Telekommunikationsmitteln ist der Verlust des Feierabends, also eines

---

[113] Vgl. Norbert Bolz (2011): Der virtuelle Arbeitsplatz - Das Büro der Zukunft (SWR Radiofeature). URL: http://www.swr.de/ratgeber/geld/arbeitsformen-der-zukunft/-/id=1788/nid=1788/did=7051728/exqnfp/, letzter Zugriff: 08.07.2011

[114] Pollesch 2009, Minute 21

[115] Doch auch die physische Mobilität für Vielflieger wird erleichtert, in dem Gepäck reduziert wird. Samsonite hat eine „Travel Jacket" produziert, die ein aufblasbares Kissen im Kragen sowie Ohrstöpsel und eine Schlafmaske in der Innentasche besitzt. Die „Sleeping-Bag-Jacke" von Timberland lässt sich in einen Schlafsack verwandeln und das „Final Home" von Kosuke Tsumara ist ein Mantel, dessen Taschen alles Lebensnotwendige beinhalten und der mit Papier befüllt als Decke dient. Vgl. Boomers 2004, 10. Siehe weiterführend auch im Netz: http://www.innovations-report.de/html/berichte/cebit_2006/bericht-55283.html sowie http://www.texbac.de/html/entertainment.html, letzter Zugriff: 11.07.2011

Anfangs und eines Endes. Dies wurde schon bei der nomadischen Bewegung deutlich wurde und wird sich auch in der Struktur zeigen. Durch das Prinzip „work follows the sun" müssen Menschen über räumliche und zeitliche Grenzen hinweg arbeiten, denn im von McLuhan prognostiziertem globalen Dorf geht die Sonne niemals unter.[116] Wird irgendwann alles Arbeit sein? Verwandeln sich der Urlaub in eine Regenerationsarbeit und schließlich auch der Nomade selbst? So fühlt sich Heidi wegrationalisiert aus ihrem eigenen Leben, wenn sie Arbeit mit nach Hause nehmen und von dort aus ständig E-Mails an ihre Kollegen schreiben muss. Sie kann durch die ständige Verfügbarkeit schon nicht mehr schlafen, ihr Bett ist ein Ort erhöhter Wachsamkeit.[117]

3.3 Horizontales Rhizom – Vertikale Hierarchie

Das Rhizom (griech. *rhízōma*, das Eingewurzelte) ist eigentlich ein Begriff aus der Botanik und bezeichnet ein unter der Erde oder dicht über dem Boden wachsendes Sprossachsensystem.[118] Im Gegensatz zum Wurzelsystem, das sich vertikal in die (eine) Höhe streckt[119], ist es vielfach verflochten und stammlos, es wächst horizontal in alle Richtungen.

Gilles Deleuze und Félix Guattari greifen dieses Bildnis auf, um es als Metapher für die postmoderne Struktur der Wissensgesellschaft, im Gegensatz zur geläufigen Metapher des Baum des Wissens als klassisches Ordnungssystem, zu verwenden.[120] Die Baumstruktur verbildlicht eine vertikale Hierarchie. Das Zentrum bildet die Wurzel, aus der sich der Stamm mit seinen Ästen und Blättern nach oben streckt. Jedes Element befindet sich auf einer Ebene, die einer höheren untergeordnet ist. Sie zusammen ergeben eine zweidimensionale Struktur. Es gibt keine Querverbindungen zu oder Überschneidungen mit den Elementen anderer Äste.

---

[116] Vgl. Englisch 2001, 79
[117] Vgl. Pollesch 2000, Minute 4
[118] Vgl.[Art.] Rhizom. In: Duden online (Website). URL:
http://www.duden.de/rechtschreibung/Rhizom, letzter Zugriff: 08.07.2011.
[119] Wobei natürlich aus botanischer Sicht zwischen Flach- und Tiefwurzlern unterschieden werden muss. Bezogen auf das Gegenstück zum Rhizom sind im Folgenden nur Tiefwurzler gemeint.
[120] Vgl. Deleuze/Guattari 1992, 574

Dieser Baumstruktur ist das Moment des Sesshaften inhärent, da er es ist, der an einem Ort wortwörtlich Wurzeln schlägt.

Das moderne Rhizom steht dagegen für die Delokalisierung und Entwurzelung, die sich, wie im Kapitel 3.1 erarbeitet, aus dem glatten, nomadischen Raum ergibt. Je nach Perspektive des Betrachters kann das Zentrum eines Rhizoms überall (oder gerade nirgendwo, im Dezentralen) liegen. Es ist kein Anfang und kein Ende erkennbar, ein Rhizom ist immer ein Zwischenstück[121], ein mediales Dazwischen. Genau wie beim nomadischen Bewegen und Arbeiten sind Abfahrt (Anfang) und Ankunft (Ende) eliminiert. Wie die nomadische Bewegung geschieht das Wachsen des Rhizoms ziellos in alle Richtungen. Es kann „an jeder beliebigen Stelle gebrochen und zerstört werden"[122], es vermehrt sich danach trotzdem entlang der Einschnitte.[123] Es *wuchert* grenzenlos auf mehreren Ebenen und ist damit nicht-hierarchisch[124], sondern multidimensional. Deleuze und Guattari erklären diesen Aspekt wie folgt:

> In zentrierten (oder auch polyzentrischen) Systemen herrschen hierarchische Kommunikation und von vornherein festgelegte Verbindungen; dagegen ist das Rhizom ein nicht zentriertes, nicht hierarchisches und nicht signifikantes System ohne General, organisiertes Gedächtnis und Zentralautomat; es ist einzig und allein durch die Zirkulation der Zustände definiert.[125]

Das Rhizom lässt sich nicht in ein Modell pressen, sondern eher als ein Gewirr bezeichnen. Es symbolisiert eine hohe Dynamik, schafft offene netzartige Strukturen und damit Bewegung. Umso mehr Lücken, Umwege oder Zwischenstationen es nämlich zwischen den Menschen in einem Netzwerk gibt, desto leichter ist es für den einzelnen, sich darin zu

---

[121] Vgl. Boomers 2004, 11
[122] Deleuze/Guattari zitiert nach Mersch 1993, 119
[123] Vgl. Mersch 1993, 119f
[124] Die rhizomatische Struktur wird zwar auch als „flache Hierarchie" oder als „Hierarchie einer horizontalen Gliederung" (Vgl. McLuhan/Powers 1955, 129) bezeichnet, doch genaugenommen beschreibt der Begriff Hierarchie die Gesamtheit der in einer Rangfolge Stehenden. also ein System von Elementen, die einander über- bzw. untergeordnet sind. Der Begriff der Hierarchie gehört also nicht zum Bildnis des Rhizoms, sondern ausschließlich in das traditionelle, verwurzelte Ordnungssystem, zum Baum des Wissens. Vgl. [Art.] Hierarchie. In: Duden online (Website). URL: http://www.duden.de/rechtschreibung/Hierarchie, letzter Zugriff: 08.07.2011
[125] Deleuze/Guattari zitiert nach Mersch 1993, 120

bewegen.[126] Theoretisch lässt sich jeder Punkt dieses Gewirrs mit jedem anderen verbinden. Die rhizomatische Struktur ähnelt einem Gedankengeflecht, in dem die Ideen von überall her kommen und überallhin gehen können, ohne dass ihnen Grenzen auferlegt werden. In Kaptitel 3.1 wurde bereits der offene Raum als ein a-zentrisch labyrinthischer gekennzeichnet. Das Konzept des Rhizoms als Versinnbildlichung des Nomadischen ist ebenso vergleichbar mit Umberto Ecos Vorstellung von einem Labyrinth. Dieses funktioniert nicht wie ein Irrgarten, der betreten wird und in seine Mitte zu einem fixierten und festgelegten Ziel führt. Das rhizomatische Labyrinth ist vielmehr eines, in dem der Mensch schon immer gefangen war. Die Beschreitung seiner Wege und Pfade, die sich in alle Richtungen ausbreiten, schafft seinen Sinn.[127]

Als Beispiele für die Anwendung der beiden Metaphern der Wurzel und des Rhizoms dienen im GLOSSAR DER GEGENWART zum Einen die klassische Bibliothek als hierarchisches System und zum Anderen das Internet mit seiner Netzstruktur.[128] Die Bibliothek fasst Bücher, jedes steht für sich allein und ist in eine Kategorie eingeordnet, nach der es in einem Regal katalogisiert wurde. Soweit passt der Vergleich, er hinkt jedoch etwas, wenn man bedenkt, dass Wissen allein schon netzartig aufgebaut ist. Innerhalb der Texte im Buch wird auf andere Literatur verwiesen, der Vergleich kann also nur äußerlich, auf den materiellen Aufbau einer Bibliothek bezogen werden. Das Internet ist im Gegensatz dazu hypertextuell organisiert, Webseiten sind untereinander verlinkt. Das rhizomatische Denkmodell ist ebenso wie das Internet mit seinen assoziativen und spontanen Netzwerken und vielen Knoten, die miteinander global vernetzt sind, strukturiert, ohne dass es einer zentralen Steuerung von oben bedarf. Allerdings kommt auch dieses Netzwerk nicht ohne eine gewisse Hierarchie aus, bedenkt man das physikalische Netz mit

---

[126] Vgl. Sennett 1999, 111
[127] Vgl. Mersch 1993, 121
[128] Vgl. Bröckling/Krasmann/Lemke 2004, 83

seiner Materialität als Grundlage der Individualkommunikation. Schließlich ist nicht jedes Endgerät mit jedem anderen des Netzwerkes verbunden. Das Kabel in der Telefondose läuft über die örtlichen Vermittlungsstellen, die hierarchisch aufsteigend zum regionalen und nationalen Knoten führen. Der Vergleich ist folglich nur bedingt anwendbar.

Das Rhizom als nomadische Struktur lässt sich jedoch auf den postmodernen, deregulierten Arbeitsmarkt beziehen, der sich weg von den Machtzentralen und hin zum einzelnen Menschen entwickelt. Das Ich ist dabei jedoch nicht als isoliertes Einzelwesen zu sehen, sondern als Knoten in einem Geflecht von Beziehungen[129]:

> Die lockere Gesellschaftsordnung, das Fehlen von Machtzentralen, Bürokratien und Staatsapparaten ist die maßgeschneiderte Lösung für ein Gesellschaftsleben in ständiger Bewegung. Die fließende soziale Organisation innerhalb von Beziehungsnetzwerken ist genau angepasst an die Mobilität und die Unsicherheit des Nomadentums. Sie kann rasch und mit geringer Reibung auf Wandel reagieren.[130]

Die Arbeiter scheinen genauso horizontal und flach, schnell und geschmeidig wie ihr Betrieb zu werden, solange sie beweglich bleiben.[131] Auftraggeber und Arbeitnehmer verknüpfen sich für zeitlich befristete Projekte immer neu und ziehen nach dem Beenden weiter. Sie fluktuieren in einem dynamischen Netzwerk. Für das Nomadische steht im traditionellen Sinne eine geringe Arbeitsteilung. Ist das auch auf die Gegenwart anwendbar?

Polleschs Heidi unterstützt McLuhans Aussage, das globale Arbeiten in Mediennetzen würde zu einem Verlust des Spezialistentums führen[132], wenn sie *beschreit*, dass Smartphones aus jedem einen Experten für alles machen.[133] Das impliziert, dass der Spezialist zum Dilettanten wird und sich auf nichts Bestimmtes mehr versteht. Hier muss allerdings einer Verallgemeinerung Einhalt geboten werden, denn die Mehrheit der Menschen arbeitet noch in ihren jeweiligen Spezialisierungen, lediglich der allgemeine Grund-

---

[129] Vgl. Englisch 2001, 11f sowie 138
[130] Ebd., 139
[131] Vgl. Rötzer 1995, 214
[132] Vgl. McLuhan/Powers 1995, 221
[133] Vgl. Pollesch 2000, Minute 7

stock des Wissens vergrößert sich. Trotzdem wird eine neue Tendenz sichtbar, wenn Kameramann, Tonassistent und Reporter zur Stelle des Visual Jockeys (kurz: VJ) verschmelzen oder der Journalist vorgeben muss, von allen Themen mindestens eine Teilahnung zu haben. Diese Universalisten, also Menschen, die nicht mehr einem bestimmten Berufsfeld zuzuordnen sind, die nicht behaupten können „Ich bin Arzt." oder „Ich bin Lehrer.", arbeiten insbesondere in der Kreativwirtschaft in Teams zusammen. Die Arbeitsteilung ist hier laut Deleuze und Guattari nicht geringer, sondern anders: „Es handelt sich um eine andere Organisation der Arbeit und des gesellschaftlichen Bereichs durch die Arbeit."[134] Die klassische, starre Arbeitsteilung verwandelt sich in ein Projekt (geplante oder bereits begonnene Unternehmung, Vorhaben)[135], das in stetig wechselnden Rollen ausgeführt werden muss. Die Idee des multiplen und flexiblen Projektarbeiters kann mit dem Nomadenbegriff von Deleuze und Guattari gut in Verbindung gebracht werden. Der ständige Rollenwechsel erzeugt zahlreiche temporäre Interessengemeinschaften, die ähnlich wie Nomadenstämme organisiert sind: informell, dezentral und ständig in Bewegung. Damit wird es aber auch immer schwieriger, kompetente Mitarbeiter auf Dauer an ein Unternehmen zu binden, denn diese folgen meist dem besten Angebot. Wird der Firmenname für den Nomaden ebenso unbedeutend wie eine Nationalität oder Ländergrenze? Ganz behaupten kann man das sicher nicht, schließlich sind große Namen auf dem mosaikhaften Lebenslauf ein Qualitätsmerkmal. Mit der hohen Fluktuation, dem Sprung von einer Kachel zur nächsten geht aber eine gewisse Flüchtigkeit von Freundschaft und örtlicher Gemeinschaft einher. Und doch gibt es eine Verbindung untereinander und zwar jenseits des gemeinsam genutzten WLAN-Netzes im Café. Holm Friebe und Sascha Lobo nennen das die „gemeinsame, globale Zugehörigkeit"[136].

---

[134] Deleuze/Guattari 1992, 507
[135] Vgl. [Art.] Projekt. In: Duden online (Website). URL: http://www.duden.de/rechtschreibung/Projekt, letzter Zugriff: 08.07.2011
[136] Friebe/Lobo 2006, 150

3.4 Erfahren - Besitzen

„Letztes Jahr habe ich 322 Tage auf Reisen verbracht. Das bedeutet, ich musste 43 grässliche Tage zuhause sein."[137] Diese Aussage stammt von dem ständig umherreisenden Ryan Bingham, dem Protagonisten des Films UP IN THE AIR von Jason Reitman. Binghams Job ist es, Angestellte von Firmen im ganzen Land zu feuern, welche mit dieser Aufgabe lieber einen Spezialisten betrauen. Er liebt die Ungebundenheit und Anonymität des Reisens und sein Ziel ist es, im Vielfliegerprogramm die 10-Millionen-Meilen-Grenze zu überfliegen.[138] Nebenbei hält Bingham Motivations-Vorträge zu der Fragestellung „Wie viel wiegt ihr Leben wohl?". Sein gesamtes Leben passt ins Handgepäckstück. Immobilien, jeglicher materieller Besitz sowie menschliche Beziehungen sind für ihn unnötiger Ballast, die den Rucksack des Lebens so schwer machen, dass Laufen nicht mehr möglich ist. Der Protagonist inszeniert sich selbst als Mann mit einem leeren Rucksack, der jede Festlegung und Verpflichtung meidet: „Wir beschweren uns mit Gewicht, bis wir uns nicht mehr bewegen können. Und machen Sie sich nichts vor, Bewegung bedeutet Leben."[139]

Dieses Filmbeispiel untermalt hervorragend das nomadische Verständnis von Besitz, welches durch die hohe Mobilität eine gewisse Beschränkung impliziert. Werden immaterielle Werte wie Erfahrung, Wissen und Beziehungen somit immer wichtiger?[140] Die zunehmende Lösung von der Bindung an Materialität, Körperlichkeit und Statussymbole, die Englisch sieht[141], trifft nur bedingt zu. Der Bereich von Statussymbolen scheint sich zu verschieben, eliminiert sind sie aber nicht. Waren einmal ein Haus, ein Segelboot und ein großen Auto Objekte, die einen hohen gesellschaftlichen Stand markierten, können gegenwärtig auch mobile Endgeräte wie Laptops

---

[137] Reitman 2009, Minute 18
[138] Erst im Juli 2011 wurde diese Grenze tatsächlich vom amerikanischen Geschäftsmann Thomas Stuker geknackt, der dafür im Durchschnit 29.000 Meilen im Monat flog. Vgl. Zehn-Millionen-Meilen-Rekord geknackt. 11.07.2011. In: sueddeutsche.de (Website). URL: http://www.sueddeutsche.de/reise/vielflieger-bonus-zehn-millionen-meilen-rekord-geknackt-1.1118953, letzter Zugriff: 16.07.2011. o.S.
[139] Reitman 2009, Minute 8
[140] Vgl. Englisch 2001, 74
[141] Vgl. ebd., 145

oder Smartphones Status repräsentieren. Zutreffend ist aber, dass vor allem immateriellen Dingen Wert zugesprochen wird. So können Daten wertvoll oder –los sein, sie wiegen nichts, sie passen auf die Festplatte und damit ins Handgepäck. Auch Alltagsgegenstände werden zunehmend kompakter: Aus der Telefonzelle entwickelt sich das Mobiltelefon, aus dem Computer der handliche Laptop, beides verbindet sich zum Smartphone. Der Nomade verzichtet auf Besitzanhäufung, er sammelt nicht an[142], sondern trägt alles Notwendige bei sich. „Nicht zufällig kommt Besitzpossession vom Sitzen her, vom Sitzen auf dem eroberten oder zu erobernden Grund und Boden. Das Inbesitznehmen liest sich als ein Festsitzen", stellt Boomers fest.[143] Der Nomade mietet, least oder pachtet, statt zu kaufen, schließlich bedeuten Investitionen Festlegung. Friedrich Nietzsche, der selbst von einer Pension in die andere zog, schreibt dazu:

> Der einzelne Mensch selbst durchläuft jetzt zu viele innere und äußere Entwicklungen, als daß er auch nur auf seine eigene Lebenszeit sich dauerhaft und ein für allemal einzurichten wagt. Ein ganz moderner Mensch, der sich zum Beispiel ein Haus bauen will, hat dabei ein Gefühl, als ob er bei lebendigem Leibe sich in ein Mausoleum vermauern wollte.[144]

Flusser führt den Gegensatz von Besitz und Besitzlosigkeit weiter, indem er die These aufstellt, dass Sesshafte *be-sitzen* und Nomaden *er-fahren*: „Für die Nomaden ist das Besitzen von Begriffen ein Wahnsinn, und für die Seßhaften ist das undefinierte Herumschweifen in der Erfahrung ein sinnloses Geschwafel."[145] Nur besitzlos kann das Nomadische frei, leicht und unabhängig genug sein, um den glatten Raum zu erfahren und sich vom Wind mitreißen zu lassen.

---

[142] Der Autor und frühere Geschäftsmann Dave Bruno, der sich selbst als "restless wanderer on (his) way home" betitelt, beschreibt in THE 100 THING CHALLENGE: HOW I GOT RID OF ALMOST EVERYTHING, REMADE MY LIFE, AND REGAINED MY SOUL, wie er seinen Hausrat für ein Jahr auf nur 100 Dinge reduzierte. Siehe dazu sein Blog im Netz: http://guynameddave.com/100-thing-challenge/, letzter Zugriff: 07.07.2011
[143] Boomers 2004, 215f
[144] Nietzsche zitiert nach Rötzer 1995, 129f
[145] Flusser 1992, 76

3.5 Offene Behausung – Abtrennende Wände

Wie schon im Raum und in der Struktur tut sich auch in der Behausung der Gegensatz zwischen Festem und Flüssigem auf. Dies bezieht sich auf das Sesshafte, markiert durch die stabilen Wände der Häuser, gegenüber dem Nomadischen, symbolisiert durch die leicht abbaubaren und durchlässigen Zeltwände.[146]

Das sesshafte Leben verbildlicht sich somit vor allem durch das Haus mit seinem festen Dach sowie Wänden, die Privates vom Öffentlichen klar trennen. Fenster und Türen werden eingebaut, um den notwendigen Verkehr zwischen Innen und Außen zu ermöglichen. Dies macht das Haus des Sesshaften zu einem kontrollierten Schutzwall. Trotzdessen kann eine vollständige Abschirmung nicht gelingen, da der Boden unter den Mauern hindurch das Innen weiterhin mit dem Außen verbindet. Und das geschieht nicht nur unterirdisch. Die Bauwerke der Informationsgesellschaft sind laut Bexte vor allem an einem erkennbar: an den mit Kabeln durchzogenen Bohrlöchern[147], die die einstmals so schützenden Wände aufreißen. Auch Rötzer zufolge waren es erst Bücher und Zeitungen, nun sind es Telefon, Radio, Fernsehen und Internet, kurz: die elektronische Öffentlichkeit, die die privaten Räume durchlöchert.[148] Die Löcher funktionieren wie Fenster, die die Medien hereinlassen und somit den Verkehr zwischen dem öffentlichen und dem privaten Raum in beide Richtungen zu lenken.[149] Es ist zumindest virtuell nicht mehr so einfach, unerlaubten Besuchern den Zugang durch Sicherheitssysteme an den Türen zu verweigern. Es beginnt zu ziehen. Rötzer schreibt dazu:

> Das heile Haus mit Dach, Mauer, Fenster und Tür gibt es nur noch in Märchenbüchern. Materielle und immaterielle Kabel haben es wie einen Emmentaler durchlöchert: auf dem Dach die Antenne, durch die Mauer der Telefondraht, statt Fenster das Fernsehen, und statt Tür die Garage mit dem Auto. Das heile Haus

---

[146] Auch Heidi schwelgt in Erinnerungen, wenn sie beschreibt, wie die Menschen auf dem Planeten Erde einmal zuhause waren. Jetzt würden sie nur noch campen, alles wäre ein riesiger Campingwettbewerb. Vgl. Pollesch 2000, Minute 27
[147] Vgl. Bexte 2002, 17f
[148] Vgl. Rötzer, 196f
[149] Vgl. Flusser 1992, 71f

wurde zur Ruine, durch deren Risse der Wind der Kommunikation bläst. Das ist ein schäbiges Flickwerk.[150]

Flusser zufolge schirmt das Haus den Sesshaften nicht nur vom Außen ab, sondern definiert ihn auch räumlich und zeitlich. Doch der Wind, der in Kapitel 3.1 bereits als Extrem des glatten Raumes gekennzeichnet wurde, der Kommunikationsrevolution habe die Dächer der Häuser abgetragen sowie ihre Wände durchlöchert. Das führe zu einem Gefühl von Obdachlosigkeit und räumlicher Undefinierbarkeit. Es wäre interessant, außerhalb des Rahmens dieses Buches weiterführend zu untersuchen, inwiefern drahtlose Netze wie das WLAN, das Kabel und Bohrlöcher unnötig werden lässt, diesen Prozess aufhalten kann.

Eine Abtrennung vom Außen muss auch nicht zwangsläufig positiv verstanden werden, sondern kann ebenso mit der Abtrennung vom konkreten Erleben gleichgesetzt werden, wenn, wie im vorherigen Kapitel herausgestellt, besitzen im Gegensatz zum erfahren steht. Flusser schreibt dazu:

> Im Haus wird besessen, es ist Besitz, und diesen Besitz definieren Mauern. Ins Zelt wird gefahren, es sammelt Erfahrung, und diese Erfahrung verzweigt und verästelt sich durch die Zeltwand. [...] Es ist eine Textilie, die für Erfahrungen offen steht (sich dem Wind, dem Geiste öffnet) und diese Erfahrung speichert.[151]

Er sieht das Zelt als Fahrzeug an, als Vorrichtung zum Er-Fahren.[152] Damit wird der Nomade, der ständig in Fahrzeugen unterwegs ist, seiner Unterkunft identisch.

Das Nomadische und sein „zeitlich und räumlich undefinierbares Dasein"[153] charakterisiert sich durch das Zelt als wände-loses Dach über dem Kopf. Es ist leicht und ohne großen Aufwand auf- und abzubauen, ein Bautyp des Übergangs eben. Getreu diesem Motto versucht auch die Architektur, mobile Formen des Wohnens zu entwerfen. Als Verbindung von Mobilität und Flexibilität sowie dem Traum vom Haus im Grünen bietet beispielswei-

---

[150] Rötzer 1995, 202
[151] Flusser 1992, 69
[152] Vgl. ebd., 73
[153] Ebd., 72

se das Unternehmen Smarthouse in Nordrhein-Westfalen mobile Fertighäuser an, die schlüsselfertig mit einem Kran auf einem Grundstück platziert werden. Es sind Modulhäuser, deren Wohneinheiten an- und übereinander aufgestellt werden können, sobald mehr Platz benötigt wird. Beim Umzug zerlegt der Hersteller das Haus in seine Einzelteile und baut es am neuen Standort wieder auf.[154] Es gibt allerdings noch mobilere Zukunftsideen für die Unterkunft des modernen Nomaden. So konstruierte Mike Webb bereits 1966 das Cushicle, eine aufblasbare Wohnzelle, die auf dem Rücken getragen wird. Radio, Fernsehen und alle elektronischen Teile sind im Helm integriert, die Wasser- und Nahrungsvorräte in kleinen mobilen Tanks untergebracht. Durch Schnittstellen lassen sich mehrere Wohnzellen als eine Art temporäre Stadt zusammenbauen.[155] Zwei Studenten der Freien Universität Berlin erfanden das Anemon 3 SMD[156], den Prototyp einer Wohnung für den modernen Stadtnomaden. Die Metallkapsel auf drei Rädern stellt ebenso die Verbindung von Wohnraum und Transportmitteln dar, wie der Wohnparasit[157]: eine aufblasbare Zelle, die für die lebensnotwendigen Dinge, wie Strom und Wasser, an ein Hochhaus andockt.

3.6 Heimatlosigkeit – Verwurzelung

Harry Haller, der Protagonist aus Hermann Hesses STEPPENWOLF, ist beruf-, familien- und heimatlos immer unterwegs. Er bezeichnet sich selbst als „das in eine ihm fremde und unverständliche Welt verirrte Tier, das seine Heimat, Luft und Nahrung nicht mehr findet."[158] Auf der Suche nach zumindest einer kleinen „Scheinheimat" wohnt er

---

[154] Vgl. Mobile Häuser für moderne Nomaden. 24.11.2008. In: Frankfurter Rundschau (Website). URL: http://www.fr-online.de/wissenschaft/mobile-haeuser-fuer-moderne-nomaden/-/1472788/3269762/-/, letzter Zugriff: 12.07.2011. o.S.
[155] Vgl. Flusser 1992, 70f
[156] Vgl. Jaktén, Anna (2010): Anemon 3SMD- die Wohnung der Stadtnomaden. 28.07.2010. In: drstefanschneider.de (Website). URL: http://www.drstefanschneider.de/armut-a-wohnungslosigkeit/dokumente/399-anemon-3-smd-die-wohnung-der-stadtnomaden.html, letzter Zugriff: 11.07.2011. o.S.
[157] Vgl. Meier, Werner: Wohnparasit. In: meier.werner.de (Website). URL: http://www.meier-werner.de/projekte/p_parasit_1.html, letzter Zugriff: 08.07.2011. o.S.
[158] Hesse 1978, 35

> stets in diesen hochanständigen, hochlangweiligen, tadellos gehaltenen Kleinbürgernestern, wo es nach etwas Terpentin und etwas Seife riecht und wo man erschrickt, wenn man einmal die Haustür laut ins Schloß hat fallen lassen oder mit schmutzigen Schuhen hereinkommt.[159]

Häuser mit dieser Atmosphäre rufen in ihm, dem ewig Umherziehenden, ein Gefühl von Heimat hervor.

Wie in den vorherigen Kapiteln herausgearbeitet wurde, geht das Sesshafte mit dem Bild der vertikalen Linie einher, mit einer Hierarchie, die sich im Baum des Wissens symbolisiert und gleichzeitig Verwurzelung sowie eine starke Ortsbindung beschreibt. Dem Nomadischen fällt mit der Besetzung eines sich in alle Richtungen ausbreitenden Raumes eine gleichzeitige Bindung an das Lokale schwer. Kwame Anthony Appiah sieht das Problem der lokalen Verortung und der Nicht-Lokalisierbarkeit dazu führen, dass Nomaden selten Ortsverbundenheit entwickeln und eher einen erfahrungsorientierten Lebensstil der Durchreise ohne nationale oder lokale Identität verfolgen.[160] Dadurch, dass sie weder hier noch dort richtig ankommen, können sie als ewige „anwesende Abwesende" oder „abwesende Anwesende"[161] bezeichnet werden. Karl Schlögel spricht vom Nomaden als „amphibischen Existenz, die weder hier noch dort zuhause ist".[162] Ist dem Nomadischen resultierend aus den zuvor erarbeiteten Aspekten wie dem offenen Raum, der horizontalen Struktur, der Dominanz des Erfahrens statt des Besitzens sowie der mobilen Behausung eine Heimatlosigkeit immanent?

Heiner Hastedt erklärt, dass „[d]em Nomaden […] per definitionem die Heimat als gleichbleibender Ort der Sesshaftigkeit verstellt [bleibt]; gerade deshalb gedeiht die Heimat als Ort der Sehnsucht."[163] Doch Heimat muss nicht zwangsläufig an einen geografischen, gleichbleibenden Ort sowie an

---

[159] Hesse 1978, 32
[160] Vgl. Appiah 2007, 24
[161] Holert/Terkessidis 2006, 137
[162] Schlögel 2006, 15
[163] Hastedt 2009, 143

die Idee der Verwurzelung gebunden sein. Im Folgenden gilt es daher, den Begriff Heimat für das Nomadische neu zu umreißen.

Eine Möglichkeit wäre, den Begriff ins Virtuelle zu verschieben und damit den Zugang zum Internet ins Zentrum der Suche nach einer Vorstellung von einer nomadischen Heimat zu rücken. Können soziale Netzwerke, die eigene Homepage oder E-Mail-Adresse ein virtuelles Dach über dem Kopf darstellen und als Heimat gelten? Einerseits ist ihnen eine gewisse Statik inhärent, da das Profil oder die Webadresse meist langfristig gepflegt werden. Andererseits stellt das elektronische Zuhause eine Kommunikationsoberfläche dar, in der sich nur partiell aufgehalten wird, während der Körper in einem anderen, nämlich dem physischen Raum, zurückbleibt. Wenn sich Räume spalten (was in Kapitel 4.2.1 erarbeitet wird) ist es schwierig, eine einheitliche Adresse als Fixpunkt zu markieren. Nach Deleuze ist Heimat deshalb „anstelle eines Territoriums im Sinne eines begrenzten und begrenzenden Raumes, der durch Fixpunkte wie Mauern und Einfriedungen geordnet ist – im nomadischen Denken mit einer Wegstrecke gleichbedeutend, die sich zwischen wechselnden Verbindungsstellen erstreckt."[164] Ist es möglich, sich im Weg, im Transit zuhause zu fühlen?

Das Leben auf der Durchreise charakterisiert sich durch die Bewegung durch Gänge, Passagen und Überführungen, es spielt sich zunehmend an Orten des Transits, des Erlebens, des Konsums und der Dienstleistungen, wie zum Beispiel Supermärkte, Bahnhöfe, Flughäfen oder Freizeitparks, ab. Marc Augé klassifiziert diese temporären, provisorischen Aufenthaltsorte als urbane Nicht-Orte (frz. non-lieux). Es sind Schnittpunkte, also Orte ohne definierten Status. Die Idee der Nicht-Orte umfasst Gebäude, denen eine Atmosphäre, Geschichte sowie ein regionaler Bezug fehlt, die in ihrer Grundform überall gleich aussehen und die nur um ihrer Funktionswillen betreten werden. In den Supermarkt gehe man demzufolge nur wegen seiner Funktion als dem Ort des Konsums, nicht aber wegen der Geschich-

---

[164] Deleuze zitiert nach Boomers 2004, 275

te des Gebäudes oder der einzigartigen Atmosphäre. Ein Passageraum wie der Bahnhof diene auch lediglich zur Überbrückung der Distanz, um von einem Bewegungsraum in einen anderen zu gelangen.[165] Doch ist das im Hinblick auf das Nomadische nicht vollständig zutreffend. Nicht-Orte können inzwischen auch als Orte der Identität und Emotion gesehen werden, die vielleicht sogar weil sie sich in ihrer Struktur und Bauweise überall ähneln, ein vertrautes Gefühl oder gar Heimatgefühl entstehen lassen.[166] Auch Schlögel bezeichnet diese Orte nicht als tot oder identitätslos, denn in ihnen pulsiert das Leben. Das leitet er daraus ab, dass durch Bewegung, die diesen Orten wie keinen anderen immanent ist, Energie und Impulse ausgelöst werden. Diese Bewegungsprozesse implizieren Leben.[167] Allerdings ist diese Argumentation nur solange tragbar, wie der Ort seine Funktion, also das was ihn ausmacht, behält. Beim Schließen des Flughafens über Nacht verschwindet auch die Energie, die durch Bewegung entsteht und lässt eine gespenstische Leere zurück. Der Ort scheint seiner Existenz beraubt, er wird dann wahrlich zum Nicht-Ort.

Auch Verkehrsmittel wie der Zug oder sogar der gesamte Reiseraum des Reisenden, der sich schwer definieren lässt, können als Nicht-Orte angesehen werden. Schließlich fällt eine Verortung des Passagiers schwer: Wo ist er, wenn er reist?[168] Der Nomade selbst scheint zur Transitzone zu werden, zu einem „freischwebenden, ortlosen Wesen"[169] in einem Dazwischen von Nicht-Orten. Somit kann auch seine Heimat als Nicht-Ort gesehen werden, wenn der Begriff im Nomadischen eher einen Zustand als einen geografisch fixierbaren Ort beschreibt. Er scheint kein statischer Begriff mehr zu sein, sondern sich genau wie der Raum verflüssigt. Nach dieser These kann Heimat bei oder in sich getragen werden. Eine Entwicklung von heimatlichen Strategien ist folglich auch an fremden Orten

---

[165] Vgl. Kaschuba 2004, 141 sowie 239ff
[166] Dass man sich in Transiträumen tatsächlich zuhause fühlen kann, zeigt auch Steven Spielbergs Film „The Terminal" (2004), indem der Protagonist ein Terminal des Flughafens für mehrere Monate seine Heimat nennt, dort wohnt, arbeitet und sich ein soziales Umfeld schafft.
[167] Vgl. Schlögel 2003, 292ff
[168] Vgl. Kapitel 3.1
[169] Rötzer 1995, 146

möglich. Oder aber, es beschreibt das Gefühl, dass sich vielmehr dann offenbart, wenn die Heimat fehlt:

> Zuerst erschien mir das recht lächerlich und übertrieben, so eine Herren- und Bummlerlaune, eine spielerische Sentimentalität. Aber mehr und mehr mußte ich sehen, daß er in der Tat unsre kleine bürgerliche Welt aus seinem luftleeren Raume, aus seiner Fremdheit und Steppenwolfigkeit heraus geradezu bewunderte und liebte, als das Feste und Sichere, als das ihm Ferne und Unerreichbare, als die Heimat und den Frieden, zu denen ihm kein Weg gebahnt war.[170]

3.7 Zwischenfazit: Nicht-Identität - Identität

In diesem zweiten Teil der Untersuchung wurde versucht, einige gesellschaftliche Tendenzen festzuhalten und aus ihnen das Nomadische und Sesshafte abzuleiten. Der offene, glatte Raum mit seiner horizontalen Ausdehnung, in dem sich ziellos, aber anhand von vernetzten Knoten bewegt wird, die fragmentarische Zeit, die aus linearen Lebensläufen bunte Mosaike schafft, die rhizomatische Struktur, der Neu-Umriss des Heimatbegriffs sowie das Erfahren im Gegensatz zum Besitzen wurden dem Nomadischen als Charakteristika zugesprochen. Das Sesshafte dagegen wurde mit der vertikalen Linie, die tief in die Erde auf genau einen festen Punkt hinab zielt, die mit Verwurzelung und Hierarchie einhergeht, symbolisiert. Aus all diesen Aspekten lässt sich das Grundgegensatzpaar vom Flüssigen zum Festen ableiten. Es wird die These aufgestellt, dass die ziellose, flüssige Bewegung des Nomadischen, die sich jedem festen Halt sowie jeder Lokalisierbarkeit entzieht, auch zur Verflüssigung seiner Identität führt und dass andersherum der Zustand des ewigen Dazwischen Ausdruck dieser Identitätsproblematik ist. Sie liegt dem Nomadischen zugrunde, erwächst aber gleichzeitig auch aus ihr.

Der Nomade passt sich durch seine Bewegung im offenen Raum stets an verschiedene physische und virtuelle Situationen an und wechselt damit häufig seine Identität. Er hat also nicht nur mehrere Wohnorte, sondern die Spaltung des Raumes in einen physischen und einen realen steht im Zusammenhang zur Spaltung in mehrere Ichs. Boomers nennt dieses

---

[170] Hesse 1978, 21f

Phänomen „eine passagere Identität".[171] Wie bereits erarbeitet, wird der Nomade zur Arbeit, zu seiner Behausung sowie zu einer Transitzone. Grenzen verflüssigen sich zunehmend. Langfristige Verpflichtungen werden vermieden, genauso wie eine auf Dauer angelegte Identität, also eine Festlegung künftige Optionen verbauen würde.[172] Wenn die Zeit und auch der Lebenslauf sich aus Episoden und Fragmenten zusammensetzen, wie sollen sich diese zu einer linear erzählten Lebensgeschichte oder Identität bündeln lassen? Nach Sennett kann die Identität des Nomadischen eher als Collage „aus Zufälligem, Vorgefundenem, Improvisierten"[173] bezeichnet werden. Die Betonung liegt dabei vor allem auf der Diskontinuität, auf dem Lösen von der Vergangenheit, dem Akzeptieren der Fragmentierung. Es entsteht ein ambivalenter Charakter. Kann, Augé als Beispiel genommen, demnach von einer Nicht-Identität gesprochen werden? So wie der Ort losgelöst von jeglicher Geschichte vor allem seine Funktion zur Verfügung stellt, ist auch das Nomadische Ich losgelöst von seiner eigenen Vergangenheit. Jede Episode des Lebens und jedes Ich steht unabhängig für sich. Identität (lateinisch *idem*, derselbe) bezeichnet die „Echtheit einer Person oder Sache; [die] völlige Übereinstimmung mit dem, was sie ist oder als was sie bezeichnet wird."[174] Die völlige Übereinstimmung trifft auf das flexible Selbst durch die Spaltung in mehrere Ichs nicht zu. Es gibt keine Eindeutigkeit. Die virtuelle Identität erfährt mit dem Einpflegen persönlicher, kategorisierter Parameter zum Beispiel in Profile sozialer Netzwerke eine Fragmentierung oder besser eine Virtualisierung. Das Selbst wird zu einer unsortierten, jederzeit abrufbaren Menge an Daten. Es verliert den Bezug zur physischen Identität, denn das Wesen des Menschen kann vom virtuellen Raum nicht vollständig erfasst werden.[175] Die nomadische

---

[171] Boomers 2004, 264
[172] Vgl. Bröckling/Krasmann/Lemke 2004, 86
[173] Sennett 1999, 181
[174] [Art.] Identität. In: Duden online (Website).
URL:http://www.duden.de/rechtschreibung/Identitaet, letzter Zugriff: 09.07.2011
[175] Rosa schreibt dazu: „Das Geschehen auf dem Bildschirm steht in keinemZusammenhang mit unseren übrigen Erfahrungen, mit unseren Stimmungen, Bedürfnissen, Wünschen etc. und reagiert nicht auf sie, es ist im (narrativen) Zusammenhang unseres Lebens nahezu vollständig ‚kontextlos' oder unsituiert und lässt sich daher nicht in Erfahrungskonstituenten unserer eigenen Identität und unserer Lebensgeschichte

Identität ist zudem nicht eindeutig, weil sie nie abgeschlossen ist. Genau wie es in der rhizomatischen, grenzenlosen Struktur kein Ziel, keine Richtung und kein Ende gibt, hat auch das flexible Ich keinen Zustand, auf den es zusteuert. Das nomadische Selbst kann nicht *sein*, es befindet sich in einem stetig andauernden Prozess des *Werdens*. Es ähnelt dem Ich des von Béla Balázs beschriebenen Wanderers:

> Er ist eben ein Geselle, der weiterwandern muß, weil er selbst noch nicht fertig ist. [...] Kein Sein hat der Wanderer, nur ein Werden, und seine Seele ist wie das freie Rad, das wankt und fällt, wenn es nicht rollt. Vielleicht sind solche Wanderseelen die Räder, auf denen die Welt, die auch noch lange nicht fertig ist, weiterkommt.[176]

Der flüssige, unbestimmte und identitätslose Lebens- und Arbeitsstil des Nomadischen resultiert demnach in einer Nicht-Identität im Gegensatz zum festen, mit sich identischen Subjekt des Sesshaften.

---

transformieren. Es sind fremde Geschichten ohne innere Verknüpfung mit dem, was wir davor oder danach tun oder wer oder was wir zu sein glauben, daher ‚bleibt nichts zurück'." Rosa 2005, 232 [Hervorhebung im Original]
[176] Balázs 2002, 88

4 Das Physische und das Virtuelle

4.1 „Die Mobilität ist tot, es lebe die Telekommunikation!"

Nachdem im vorherigen Teil das Nomadische äußerlich von seinem Anderem – dem Sesshaften, abgegrenzt wurde, gilt es nun das Innere des Nomadischen zu untersuchen. Es fußt sowohl auf dem System Verkehr und damit der physischen Mobilität sowie dem System der Informations- und Kommunikationstechnologien, also der virtuellen Mobilität. Wie verhalten sich diese beiden Systeme zueinander? In welchem Wechselverhältnis stehen sie und wie können sie trotz etwaiger Differenzen ein Ganzes, im Sinne der Nomadenmetapher erzeugen?

4.1.1 Die Substitutionsthese

„Bei Stau auf der Autobahn empfehlen wir, auf den Data Highway auszuweichen", lautete ein Werbespruch der Deutschen Telekom. Die Idee dahinter: Wo Fahrzeuge zu Immobilien oder Sitzgelegenheiten degradiert werden, hat das System Verkehr und damit die physische Fortbewegung ausgedient. Wenn die ganze Welt mobil sein möchte, kollabiert die „Reisesucht" und alle warten; in der Schlange am Check-in-Schalter oder eben im Stau auf der Autobahn. Die physische Mobilität durch die virtuelle zumindest teilweise zu ersetzen, ist eine Hoffnung, die sich in der Substitutionsthese beschreibt. Das Extrem dieser These bilden der von Paul Virilio prognostizierte Rasende Stillstand sowie das Konzept der virtuellen Stadt Telepolis von Florian Rötzer. Die wichtigsten ihrer später zu diskutierenden Gedanken sollen im Folgenden kurz vorgestellt werden.

4.1.1.1 Virilios Rasender Stillstand

Die zentrale Idee Virilios apokalyptisch anmutender Theorie vom Rasenden Stillstand, die im Großteil seiner Literatur auftaucht, ist die Tendenz des Stillstehens, die in naher Zukunft zum Zustand einer definitiven und ultimativen Sesshaftigkeit führen wird.[177] Seine zentrale These umfasst das Ersetzen der Mobilität im Raum durch das Bewegungsvermögen auf der

---

[177] Vgl. beispielsweise Virilio 1978, 41

Stelle. Dies führe zur Reise ohne Reise, Fortbewegung ohne Fortbewegung, zum Passagier ohne Passage. Nach der ersten städtischen Sesshaftmachung der neolithischen Revolution und den Transportmitteln der europäischen Moderne, in denen der Mensch nur noch *sitzt*, sieht Virilio die häusliche Telepräsenz als letztes statisches Vehikel an, dass das Ziel der Zivilisation, den endgültigen Stillstand, bewirkt.[178] Im Zuge dessen sei das Trajekt, als zurückgelegte Strecke zwischen Subjekt und Objekt, in Vergessenheit geraten.[179] Es gelte, keinen Weg mehr zurückzulegen, da der zuerst mobile, dann automobile und nun motile[180] Mensch über den Bildschirm sehen, hören und sogar handeln könne. Jener kokonisiere sich vor ihm, seiner allumfassenden Prothese[181]:

> Die Auslöschung des unmittelbar Gegenwärtigen setzt damit notwendig die Beseitigung der Mobilität des Fernsehzuschauers im Raum zugunsten einer schlichten Motilität (=*Beweglichkeit*) auf der Stelle voraus, die weniger einen „Präsenten" als einen „Patienten" isoliert: er wird von der aktiven sinnlichen Erfahrung des ihn umgebenden Raums endgültig abgeschottet und stattdessen allein auf die wiederkehrenden Bildwelten verwiesen, anders gesagt: er verfällt der Trägheit seines Körpers, dem interaktiven corps à corps.[182]

Den Übergang vom physischen zum virtuellen Raum sieht Virilio als eine Ablösung und als eine mediale Zäsur.[183] Er wirft damit die Frage auf, bis wann sich der Mensch tatsächlich noch bewegen wird.

4.1.1.2 Rötzers Telepolis

Florian Rötzer vertritt ebenfalls die Auffassung, dass der virtuelle Raum den physischen ablöst. Für ihn symbolisiert sich dieser Prozess nicht durch einen Stillstand, sondern durch die Stadt der Zukunft, die Telepolis, in der virtuelle Körper etwas gestalten, sich bewegen und handeln wie in der realen Umgebung.[184] Der physische Körper allein reiche nicht mehr aus. Der Mensch müsse folglich lernen, „sich zu erweitern, seine Haut, seine Sinne, seine Gliedmaßen über den Globus auszudehnen und an zwei Orten

---

[178] Vgl. Virilio 1998, 150ff
[179] Vgl. Virilio 1996, 62
[180] „Motil" bedeutet „beweglich", ist hier aber als „beweglich auf der Stelle" zu verstehen.
[181] Vgl. Virilio 1978, 30 sowie Virilio 1996, 34
[182] Virilio 1996, 58
[183] Vgl. ebd., 84
[184] Vgl. Rötzer 1995, 11

gleichzeitig zu sein"[185], seinen Körper also vollständig durch Prothesen zu stützen und sich in einen Cyborg zu verwandeln.[186] Dass das Haus nicht mehr verlassen werden muss, sei das zentrale Charakteristikum des neuen Mediums der Telekommunikation.[187] Der Ersatz des realen Raums, der virtuelle Raum, lokalisiert sich Rötzer zufolge nicht mehr geographisch sondern vielmehr im Ortlosen, er löst sich von einer bestimmten räumlichen Verankerung und schließlich auch von der physischen Präsenz der Körper.[188]

Der Nomade würde laut dieser beiden Theorien wieder wie nach dem Neolithikum sesshaft sein, allerdings nur körperlich. Geistig und im Netz wäre er weiterhin mobil. Da Literatur immer im Kontext ihrer Entstehung gelesen werden sollte, ist es offensichtlich, dass der Forschungsstand - Thema Mobilität – gegenwärtig vor allem seit der Verbreitung des Internets fortgeschrittener ist als in den 1980er bzw. 1990er Jahren. Dennoch tauchen Vorstellungen, die die Substitutionsthese unterstützen, immer wieder auf. Wenn der moderne Nomade von überall aus arbeiten kann, warum tut er es dann nicht von zuhause, verzichtet auf physische Mobilität und wird im Virtuellen sesshaft? Im folgenden Kapitel soll dieser Frage nachgegangen werden. Gleichzeitig soll widerlegt werden, dass sich Medien gegenseitig ersetzen und dem Menschen die Tendenz zur endgültigen Sesshaftigkeit immanent ist.

4.1.2 Die Komplementaritätsthese

Aus logistischer und ökologischer Sicht ist der Gedanke, den Verkehr auf den Straßen zu reduzieren und in den Cyberspace zu verlagern, durchaus rationaler und logisch nachvollziehbar. Die Verteilung der Arbeit vom Büro an die Menschen in den einzelnen Wohnungen würde zur Vermeidung überflüssiger Mobilität führen und findet im Phänomen der Telearbeit schon

---

[185] Ebd., 47
[186] Vgl. ebd. 47ff
[187] Vgl. ebd., 76f
[188] Vgl. ebd., 115 sowie 153

teilweise Anwendung. Doch die *totale* Demobilisierung der Arbeits- und Lebenswelt gestaltet sich, wie im Folgenden belegt wird, als problematisch.

Es ist zum jetzigen Stand der Forschung klar, dass die Substitutionsthese nicht zutrifft. Im Gegenteil, es wird sogar mehr physische Mobilität durch virtuelle geschaffen. Aus den Untersuchungsergebnissen des Instituts für Mobilitätsforschung[189] zu den Auswirkungen der virtuellen auf die physische Mobilität geht hervor, dass Wegentlastung für den einen Bereich (z.B. der Arbeit) zu einer vermehrten Wegebelastung anderer Bereiche (z.B. der Freizeit) führt. Durch die immer entfernungsintensivere Freizeitgestaltung des Menschen, erweitere sich sein Bewegungsraum so sehr, dass damit die Verkehrsreduktion, die durch das Prinzip der Telearbeit erreicht wird, kompensiert wird.[190] Das Phänomen, dass jede technische Ressourceneinsparung bisher durch vermehrte Aktivität der Menschen wieder aufgezehrt wurde, beschreibt sich im sogenannten Rebound-Effekt.[191] Als Beispiel soll hier die menschliche Kommunikation dienen, deren vollständige Virtualisierung nicht gelingen kann. Das Internet bringt zwar eigene Kommunikationsräume hervor und schafft neue soziale Räume, allerdings sind „soziale Beziehungen [...] in der Regel physikalisch räumlich rückgebundene Beziehungen"[192]. Die Kommunikation in den virtuellen Raum zu verlagern, reduziert folglich nicht den physischen Verkehr. Vielmehr führen die neuen Möglichkeiten der Telekommunikation dazu, dass Beziehungen über weite Distanzen gepflegt werden können und sich der Radius der Geschäfte sowie der privaten Kontakte erweitert. Neue und weiter entfernt liegende Kontakte führen zu häufigeren und längeren Flugreisen, also erhöhter physischer Mobilität.[193] Auch andersherum ist eher eine Mobilitätsschaffung als eine Mobilitätsreduzierung erkennbar: Bei physischem Unterwegssein und damit verbundener Abwesenheit vom

---

[189] Das Institut für Mobilitätsforschung (ifmo) ist eine Forschungseinrichtung der BMW Group, die sich mit Mobilitätstendenzen auseinandersetzt. Die ifmo im Netz: www.ifmo.de, letzter Zugriff: 08.07.2011
[190] Vgl. Ifmo 2004, 67 sowie 246
[191] Vgl. Gleich 1998, 155
[192] Ifmo 2004, 4
[193] Vgl. Zoche/Kimpeler/Joepgen 2002, 209f

Wohnort wird sich dem System der Telekommunikation bedient, um Beziehungen in der Heimat aufrechtzuerhalten.

Statt vom Paradigma des virtuellen Raumes oder der VR (virtual reality), in der alle Arbeit nur virtuell geschieht und der physikalische Raum überflüssig wird, kann demnach eher vom erweiterten Raum, der AR (augmented reality) gesprochen werden. Durch die *Erweiterung* des Raumes mit zusätzlichen Informationen wird der Mensch bei der Arbeit im physikalischen Raum unterstützt. Die Szenarien von Virilio und Rötzer, bei denen der Cyborg auf seinem Sitz durch den virtuellen Raum reist, wird durch das Bildnis vom modernen Nomaden, der am Flughafen oder jedem anderen beliebigen Ort seine E-Mails über sein Smartphone abruft und sich damit sowohl dem Verkehrs- als auch dem Kommunikationssystem bedient, ersetzt.[194] Die virtuelle Mobilität ist somit nicht als Konkurrenzsystem, sondern als Erweiterung der menschlichen Bewegung und ihrer Möglichkeiten zu sehen. Die Präsenz im physischen Raum wird genauso wenig ersetzt, wie ein neues Medium ein älteres nicht verdrängt. Der virtuelle Raum verändert lediglich die bestehende Aufgabenverteilung.

Die Systeme Verkehr und Kommunikation profitieren also voneinander, sie bedingen, erweitern und schaffen sich gegenseitig. Dass sie eng miteinander verzahnt sind, wird schon im Hinblick auf ihre Entstehung deutlich. So beschreibt Virilio, wie die Erfindung jedes Verkehrsmittel an ein Kommunikationsmittel gekoppelt war, beispielsweise die Kutsche an den Brief, die Eisenbahn an den Telegraphen, das Auto an das Radio und das Flugzeug an den Funk.[195] Ihre Systeme weisen viele Ähnlichkeiten auf: Beide bilden Netzwerke aus, verbinden Verstreutes, um es zu vereinheitlichen und überwinden den Raum.[196] Dies alles findet sich in der hier als zutreffend herausgearbeiteten Komplementaritätsthese wider.[197] Die Hauptthesen von Virilio und Rötzer scheinen folglich überholt zu sein.

---

[194] Vgl. Manovich, 106ff
[195] Vgl. Wieke 2000, 79
[196] Vgl. Gleich 1998, 135
[197] Vgl. Ifmo 2004, 68

Wie die Systeme gegenwärtig zusammenhängen, wurde beschrieben, doch *warum* gelingt es der virtuellen Mobilität nicht, die physische zu ersetzen und in einem Stillstand zu resultieren?

Still steht der Nomade beim Warten oder im Stau zwar, aber eben ungern. Bremsen empfindet er als Beschneidung seiner Selbstbestimmung. So beschreibt Holert: „Warten ist etwas, für das man sich schämen muss, weil es als Zeichen von Trägheit oder niederem Status angesehen und bewertet wird, als Symptom der Zurückweisung und Signal für den Ausschluss." So bedeutet das englische Wort break zugleich Pause und brechen.[198] Die erzwungene Pause scheint mit der eigenen Zeit zu brechen, wird sie doch oft als verschwendete Zeit angesehen. Der Drang nach Fluktuation, nach zielloser Bewegung im glatten Raum, das im Gegensatz zu Virilios Stillstand und Verlust des Trajekts steht, wurde dem Nomadischen in Kapitel 3.1 als wichtiges Charakteristikum zugeschrieben, doch lässt sich die Begründung hier zusätzlich auf eine Metaebene bringen.

Als These sei vorausgesetzt, dass dem Menschen ein tiefes Bedürfnis nach Realität, nach Nicht-Virtualität innewohnt. Im Folgenden soll nach dem Grund für dieses Empfinden gesucht werden: Was hat der physische Raum zu bieten, was erzeugt die physische Präsenz, was virtuell nicht simuliert werden kann? Was ist das ausbleibende Moment? Diesen Fragen wird mithilfe von Gegensatzpaaren auf den Grund gegangen, um herauszubekommen, wie es sich mit Raum und Zeit, dem Körper und den menschlichen Sinnen im physischen und wie im virtuellen Raum verhält?

4.2 Physischer Raum – Virtueller Raum

4.2.1 Einfacher Raum – Spaltung in mehrere Räume

Vor der Zeit der Mobiltelefone und WLAN-fähigen Laptops war es nicht möglich, in die Ferne zu kommunizieren, während der eigene Körper sich in Bewegung befand. „Erst wenn das der Fall ist, hat die Menschheit völlig

---

[198] Vgl. Holert/Terkessidis 2006, 86f

den Raum besiegt, ihn, gegen den sie unbewußt mit allen Kräften ankämpft"[199], prophezeit Arthur Fürst in seinem Werk DAS WELTREICH DER TECHNIK von 1923. Er bezieht sich dabei auf den menschlichen Kampf gegen den Horror Vacui (lat. die Angst vor dem Leeren)[200], der stetigen Anstrengung zur Bewältigung des Raumes, seiner Beherrschung und seiner Aneignung.[201] Im Kontext der technischen Entwicklung der Verkehrsmittel ist oft von der Bezwingung der Parameter Raum und Zeit die Rede. Der Raum werde immer zugänglicher, weil er überwunden und durch die immer schnelleren Verkehrsmittel[202] immer kleiner werde[203], wodurch die geografischen Distanzen, die Ausdehnungen des Raumes, schneller zu überbrücken seien.[204] Dass das Verkehrssystem den Raum jedoch nie vollständig überwinden kann, zeigen Ereignisse wie der Ausbruch des isländischen Vulkans Eyjafjallajökull im Jahr 2010 oder das Schneechaos der letzten Winter, die den Verkehr in ganz Europa weitgehend zum Erliegen brachten. Bezwungen erscheint der Raum nur, solange das Verkehrssystem funktioniert, Gleisbrüche und Zugausfälle bedeuten jedoch Kontrollverlust.

Von einer Überwindung oder Bezwingung des Raumes ist im Virtuellen nicht mehr die Rede, aber von seinem Verschwinden oder von der Ablösung von Raum und Zeit.[205] Aurel Schmidt behauptet sogar, das virtuelle Netz sei an die Stelle des Raumes getreten.[206] Sind Raum und Zeit denn nun tatsächlich besiegt, jetzt, wo Fürsts Aussage nach knapp 100 Jahren seine volle Wirkung entfaltet, wo virtuelle Mobilität auch parallel zur physischen Bewegung möglich ist?

---

[199] Fürst zitiert nach Gleich 1998, 134
[200] Vgl. [Art.] Horror Vacui. In: Duden online (Website). URL: http://www.duden.de/rechtschreibung/Horror_Vacui, letzter Zugriff: 10.07.2011
[201] Vgl. Schlögel 2003, 9
[202] Sabine Boomers zufolge plant die NASA im Bereich der privaten Raketenentwicklung die Erweiterung des interkontinentalen Flugverkehrs. Mit dem Suborbital-Flugschiff wäre jeder Ort auf der Erde innerhalb von 45 Minuten erreichbar. Vgl. Boomers 2004, 84
[203] Hartmut Rosa verbildlicht in BESCHLEUNIGUNG. DIE VERÄNDERUNG DER ZEITSTRUKTUREN IN DER MODERNE anhand einer Karte, wie der Raum seit dem 18. Jahrhundert auf ein Sechzigstel geschrumpft ist. Vgl. Rosa 2005, 165
[204] Vgl. Beispielsweise Borscheid 2004, 142
[205] Vgl. Schlögel 2003, 36
[206] Vgl. Schmidt 1998, 86

Im Physischen ist der Mensch nur einmal präsent in Raum und Zeit. Im Virtuellen kommt es dagegen zu einer Raum- und Zeitspaltung, einem Chiasmus mehrerer Räume und Zeiten, die sich überkreuzen. Präsent ist der Mensch scheinbar in allen, aber wirklich anwesend in keinem. Der anwesenden Abwesenheit ist ein gespenstischer Moment inhärent, wenn zum Beispiel beim Telefonieren einer fernen Stimme Aufmerksamkeit geschenkt wird und dadurch der physische Raum temporär an Bedeutung verliert. Marshall McLuhan sah das Telefon deshalb als Form des unmittelbaren Kontakts an, welches den Raum auf ein Nichts schrumpfen lässt.[207] Doch dieser scheinbare Sieg über den physischen Raum geschieht nur partiell und temporär. Im Gegenteil, der Raum scheint als Parameter sogar bedeutsamer zu werden, da er sich in mehrere Teile aufspaltet, die es zu beachten gilt. Der Benutzer ist an mindestens zwei Orten[208] gleichzeitig partiell anwesend: dort wo sich der physische Körper befindet und dort, wohin sein Bild und seine Stimme übertragen wird. Diese mehreren Dorts werden zu mehreren Hiers transformiert, sie sind ineinander verschränkt und müssen miteinander koordiniert werden.

Verändern sich mit der partiellen Anwesenheit an mehreren Orten auch die zeitlichen Bezüge? Computer sind schließlich Zeitmaschinen, ihre Geschwindigkeit misst sich nicht räumlich in Kilometern pro Stunde, sondern in Bezug auf den Datendurchsatz in Bits pro Sekunde. Die Information steht offenbar nicht mehr in Relation zum Raum, sondern lediglich zur Zeit.[209] Zur gleichen Zeit an vielen Orten anwesend sein zu können, bedeutet jedoch nicht, in einer „brandneuen Welt der Gleichzeitigkeit"[210] wie McLuhan sie nennt, zu leben. Elektrische Verbindungen schaffen zwar Verkehr in Lichtgeschwindigkeit, doch reicht diese nicht an eine Gleichzei-

---

[207] Vgl. McLuhan/Powers 1995, 161
[208] Rötzer beschreibt, wie der Mensch an drei Orten gleichzeitig anwesend sein kann. Das ist möglich, indem der Benutzer einen Roboter durch Telepräsenz-Systeme an einem dritten Ort auf der Welt steuert, der für ihn dort handelt. Damit sieht der Mensch durch die virtuelle Welt in die wirkliche Welt zurück und wäre dreifach anwesend, zum Einen dort, wo sein Körper ist, dann im Netz sowie an dem Ort, wo der Roboter sich befindet. Vgl. Rötzer 1995, 47
[209] Vgl. Bexte 2002, 38
[210] McLuhan zitiert nach Bexte 2002, 39

tigkeit heran. Die Illusion, überall parallel Präsenz zeigen zu können, hat aber wiederum den räumlichen Effekt, dass die Unterscheidung zwischen dem Hier und dem Dort verschwimmt. Zeit und Raum beziehen sich immer aufeinander, sie können einander nicht dominieren, sie lösen sich nicht voneinander[211] und sind deswegen als eine ungeteilte Ganzheit zu betrachten, ebenso wie McLuhan sie durch eine musikalische Note symbolisiert sieht.[212]

Es ist nicht die Abhängigkeit vom Raum oder der Zeit, sondern vielmehr das Konzept von Nähe und Distanz, das hier eine entscheidende Wandlung erfährt. Die Distanz des virtuellen Raumes misst sich nicht an geografischen Entfernungen, sondern am Grad seiner Vernetzung und damit seiner Zugänglichkeit.[213] Das Ferne rückt dem Menschen auf den Leib sowie auf die Sinne, wenn beim Telefonieren die Stimme des Gesprächspartners, der sich am anderen Ende der Welt befindet, plötzlich ganz nah am Ohr erklingt. So erklärt McLuhan: „Der Hinweis auf die Aufhebung von Zeit und Raum, die Gleichzeitigkeit aller Ereignisse macht deutlich, daß das Fernste uns gleichzeitig sehr nah sein kann."[214] Durch Tele-Kommunikation (griech. *tēle*, fern, weit)[215] verliert die Ferne an Zauber, die räumliche Nähe dagegen erhält parallel etwas Fremdes. So erklärt sich, warum der moderne Nomade die Metropolen Paris, London und New York, die ein Netz von Knoten bilden, das über den glatten Raum gelegt ist[216], weitaus besser kennt, als seine eigene Wohnumgebung. Nicht die Ferne, sondern die Nähe wird abgeschafft. Somit sind Aussagen wie von McLuhan, der behauptet, „[d]ie wichtigsten videoverwandten Technologien (Glasfaser, Computer und Satellit) löschen die Entfernungen aus"[217] oder die allgemeine „Dauer-

---

[211] Bonß und Kesselring liegen demnach falsch, wenn sie schreiben, dass die virtualisierende Mobilität mit den physischen Mobilitätskonzepten bricht, da Beweglichkeit nun unabhängig von Raum und Zeit möglich ist und Raum und Zeit sich immer weiter voneinander lösen. Vgl. Bonß/Kesselring 2002, 186
[212] Vgl. McLuhan/Powers 1995, 126
[213] Vgl. Bröckling/Krasmann/Lemke 2004, 310
[214] McLuhan/Powers 1995, 13
[215] Vgl. [Art.] Tele-. In: Duden online (Website). URL: http://www.duden.de/rechtschreibung/tele_, letzter Zugriff: 10.07.2011
[216] Vgl. Kapitel 3.1
[217] McLuhan/Powers 1995, 125

fantasie, dass durch Kabel Ferne abgeschafft würde"[218], wie Peter Bexte dies nennt, hinfällig:

> Mit der zunehmenden Mobilität ist der Ort nicht weniger wichtig geworden, sondern nur weniger starr. Wenn Flugreisen ähnlich viel kosten wie Taxifahrten, kann es sein, dass die zeitliche und preisliche Entfernung vom Flughafen Lübeck nach London kleiner ist als von Lübeck nach Kiel. Gleichzeitig scheint jemand auf einer Parkbank in Sichtweite und ohne Zugang zum Internet weiter entfernt als der Chatpartner in Tokio, weil die Kommunikation schwieriger ist.[219]

Es ist neben diesen räumlichen sowie zeitlichen Verschiebungen im Konzept von Nähe und Ferne allerdings auch festzustellen, dass das Prinzip der Telearbeit zunehmend dazu führt, dass alltägliche Aktivitäten sich wieder auf den Wohnort konzentrieren, die räumliche Nähe somit wiederum eine Aufwertung erfährt.[220] Auch das Arbeiten an halböffentlichen Orten wie dem Café zeigt deutliche Bereitschaft, am lokalen Leben teilzunehmen. Das „Internet als Schrecken alles Lokalen"[221] scheint sich wieder mit den Orten zu verbrüdern.[222]

Der virtuelle Raum mit der Telekommunikationstechnik ist folglich eher als eine andere Form des physischen zu betrachten, die aber immer wieder auf ihn zurückverweist. Der geographische Raum wird durch den virtuellen erweitert oder überlagert, aber nicht besiegt. Anzuführen wäre hier Kaschuba, der behauptet, dass weder die Verkehrsmittel des 19. und 20. Jahrhunderts noch die Telekommunikationsmittel des 21. Jahrhunderts den Raum haben verschwinden lassen, sondern lediglich seinen Nutzen und unsere Wahrnehmung von ihm veränderte.[223] Dies erinnert stark, an die bereits aufgestellte These, dass Medien sich nicht ersetzen, sondern nur den Anwendungsbereich verschieben würden. Die Vermutung liegt somit

---

[218] Bexte 2002, 39
[219] Friebe/Lobo 2006, 156f
[220] Vgl. Zoche/Kimpeler/Joepgen 2002, 209
[221] Friebe/Lobo 2006, 161
[222] Der lokale Bezug scheint immer wichtiger zu werden, Funktionen wie "Google Streetview" erfordern eine Rückkopplung an die Bedingungen des lokalen/geographischen Ortes. Über die vorliegende Arbeit hinaus könnte untersucht werden, inwiefern eine Renaissance der Nähe tatsächlich möglich ist.
[223] Vgl. Kaschuba 2004, 250

nahe, den virtuellen Raum als Medium des physischen zu betrachten. In Kapitel 4.3 wird diese Vermutung weiter ausgeführt.

Festzuhalten ist, dass die Spaltung in mehrere Räume nicht zwangsläufig zu einer Ortlosigkeit führt, trotzdem Orientierung schwerfällt, wenn man nicht weiß, wo man sich gerade befindet: Dort wo der Körper ist oder dort, wo der Geist im Netz herumirrt? Das Netz in seiner Immaterialität (wenn man einmal von den Endgeräten absieht) erscheint zwar ortlos, der Nutzer ist es aber sicher nicht, er hinterlässt immer sichtbare Spuren, wenn auch nur in Form von Daten. Zudem bleibt er stets an den physischen Ort gekoppelt, schließlich hat sein Körper Ansprüche an den Standort.

4.2.2 Körper – Körperlos

Auf der Expo 2000 konnte der Besucher als Cybernaut in beweglichen Sitzen die Welt hinter dem Bildschirm steuern. Ein Helm diente der optischen und akustischen Reizübertragung, ein Datenhandschuh machte sogar das Anfassen von virtuellen Objekten möglich.[224] In die Ferne zu sehen, zu hören oder gar zu handeln geschieht im Sitzen. Der Körper bewegt sich nicht, er ist eingeschlossen, einzig der Geist dringt in den Erlebnisraum ein. So bleibt der Körper im Kino statisch, während der Geist der Bewegung eines fremden Körpers auf der Leinwand folgt. Beim Computerspiel werden die Bewegungen des Avatars zwar gesteuert, der eigene Körper bleibt aber weitgehend still im physischen Raum zurück. Wie soll die virtuelle Welt demnach als neue und einzige, die physische ersetzende Realität wahrgenommen werden, wenn der Mensch gelernt hat, das körperlich-eingeschlossen-Sein als Form einer medialen Illusion zu begreifen? Der Bruch der Illusion des virtuellen Raumes bestand lange darin, dass die Bewegung des physischen Körpers nicht eins zu eins auf den virtuellen übertragen werden konnte. Er blieb in seiner Bewegung stets an den physischen Raum gebunden.[225] Dies ist mit dem neuesten Stand der

---

[224] Vgl. Boomers 2004, 81
[225] Vgl. Rötzer 1995, 194

Technik, der Bewegungssteuerung durch Hände und Füße, die bei einigen Spielekonsolen[226] zur Anwendung kommt, inzwischen hinfällig. Bewegungen, die der Körper im realen Raum ausführt, können direkt auf den Avatar im virtuellen Raum übertragen werden. Trotzdem bleibt es nur ein Spiel, denn durch die Spaltung des Raumes kommt es zu einer Auftrennung in einen physischen und einen oder mehrere reale(n) Körper oder vielmehr zur Trennung in Körper und Geist.[227] Und wenn Christoph Asendorf beschreibt, dass das Flugzeug den menschlichen Körper von der Erde als der bisherigen Bezugsachse abgehoben hat und die Telekommunikationsmittel den Menschen nun ganz vom Körper trennen[228], meint er damit nichts anderes, als den materiellen Körper, der im Realraum zurückbleibt gegenüber dem Geist, der sich in der elektronischen Welt bewegt.[229] Der Geist ist trotz der technischen Möglichkeiten vom Leib geradezu abgeschnitten. Allerdings ist dieses Merkmal nicht nur dem virtuellen Raum zuzuschreiben, schließlich ist der Körper des Passagiers auch im Zugabteil eingeschlossen, während der Geist der ästhetisierten Landschaft, die filmähnlich vor dem Fenster vorbeizieht, folgt. Er fungiert sowohl beim System des Verkehrs als auch der Telekommunikation unabhängig vom Körper. Es muss also neben dem Eingeschlossen-Sein des Körpers noch einen anderen Aspekt geben, der das ausbleibende Moment vom virtuellen zum physischen Raum begründet.

---

[226] Microsoft veröffentlicht demnächst seine Handheld-lose Steuerung "Kinect", bei der der User nur mit seinen Hand und Fuß-Bewegungen die Konsole steuert, von Sony gibt es schon die Bewegungssteuerung "Playstation Move". Bei dieser hält der Spieler einen kurzen Stab in der Hand, an dessen Ende sich eine leuchtende Kugel befindet. Mit Hilfe der schon länger verfügbaren Eye-Toy Kamera werden die Bewegungen dann 1:1 auf die Konsole übertragen. Vgl "Daniel" (2010): Playstation 3 Move. 23.09.2010. In: Entertainment Test (Website). URL: http://www.entertainment-test.de/playstation-3-move-/356, letzter Zugriff: 12.07.2011. o.S.

[227] Hier taucht das grundlegende Leib-Seele-Problem der Philosophie des Geistes auf. Dieses stellt die Frage nach dem Zusammenhang zwischen körperlichen (Leib, Körper) und geistigen Vorgängen (Geist, Denken, Seele, Bewusstsein). Vgl. Leib-Seele-Problem. In: uni-protokolle.de (Website). URL: http://www.uni-protokolle.de/Lexikon/Leib-Seele-Problem.html, letzter Zugriff: 10.07.2011. o.S.

[228] Vgl. Asendorf 1997, 343

[229] Mit der Vervielfältigung der Körper respektive der Spaltung von Körper und Geist geht wiederum eine Identitätsproblematik einher. Die Bearbeitung der Frage, inwiefern sich das Ich parallel zum Körper und Raum vervielfältigen lässt, würde den Umfang dieser Arbeit überschreiten, ist aber als weiterführender Untersuchungsgegenstand denkbar.

4.2.3 Aura des Originals – Reproduktion

> Was nützen einem alle exotischen Wunder der Welt, wenn sie wie Filmbilder im heimatlichen Kino an einem vorbeiziehen und man nicht den unsäglichen süßen Schmerz empfindet, selber weit, weit, weit zu sein?[230]

Der virtuellen Annäherung an die Fremde fehlt etwas, das Béla Balázs schon in den 1920er Jahren erkannte und als Gefühl des Weit-Seins bezeichnet.[231] Das Weit-Sein stellt einen Grund der Nicht-Ersetzbarkeit der physischen Mobilität dar, es beschreibt das Gefühl der eigenen Ferne. Denn setzt man voraus, dass das Fremde erst in der Nähe fern wirkt, kann dieser Moment der Fremde oder des eigenen Fremdseins bei virtueller Annäherung nicht erreicht werden. Hier wird deutlich, dass sich wie bereits in Kapitel 3.6 vermutet wurde diese sogenannten Nicht-Orte doch nicht nur auf ihre Funktion reduzieren lassen, sonst könnte der Wocheneinkauf einfach online bestellt und nach Hause geliefert werden. Warum fährt man dann noch in den Supermarkt, wenn man doch eigentlich nur seine durchaus auch virtualisierbare Funktion benötigt? Warum gehen die Menschen zu einem Konzert, statt es sich auf einer DVD anzuschauen, warum ins Fußballstadion statt das Spiel im Fernsehen zu erleben? Der Mensch schätzt die Atmosphäre, die Haptik des physischen Erlebens, bei dem alle menschlichen Sinne zum Einsatz kommen. Die Lebensmittel im Supermarkt betasten und an ihnen riechen zu können, kann durch einen Datensatz nicht ersetzt werden. McLuhan befürchtet in dem Kontext, der neue technologische Mensch

> wird die Fähigkeit zu berühren verloren haben. Längst hätten wir schon erkennen müssen, daß es sich bei der Berührung nicht einfach um den Hautkontakt handelt, sondern darum, daß alle Sinne zugleich begreifen und erfassen; es ist eine alldurchdringende Taktilität.[232]

Es ist folglich die Berührung der Sinne[233] und vor allem die Haptik, die virtuell nicht simuliert werden kann. Ebenso verhält es sich mit der zwischenmenschlichen Kommunikation.

---

[230] Balázs 2002, 73
[231] Vgl. ebd.
[232] McLuhan/Powers 1995, 130
[233] Hier sei der biologisch-hormonische Faktor außen vorgelassen, der beinhaltet, dass auch durch den Aufenthalt im virtuellen Raum Hormone ausgeschüttet werden,

Rötzer zufolge werden auch bei einer körperlichen Begegnung nur Daten ausgetauscht, somit würde keine prinzipielle Differenz zum Treffen im virtuellen Raum bestehen.[234] Schließlich kann den Austausch sachlicher Informationen allein auch die 3D-Videokonferenz oder das Chatten in sozialen Netzwerken ermöglichen. Den Gesprächspartner zu sehen und zu hören, scheint aber nicht auszureichen. Das liegt einerseits daran, dass die virtuell übertragene Stimme eine gewisse Flachheit an sich hat. Die Materialität der Kabel tangiert die Übertragung, wie jedes Medium die Botschaft tangiert: „Hohe Frequenzen neigen beim Durchgang durch ein dispersives Medium dazu, niedrige Frequenzen zu überholen und also früher beim Empfänger anzukommen als jene"[235], schreibt Bexte. Selbst wenn es zu keinen technischen Störungen kommt, wirkt das Medium immer auf die Botschaft ein. Andererseits ist es das Bild des Gegenübers, das bei einer zweidimensionalen Übertragung zu flach wirkt, um Realität simulieren zu können. Das Dreidimensionale erscheint zwar realer, aber ist doch puppenhaft. Hier scheint der Begriff der Aura aus Walter Benjamins DAS KUNSTWERK IM ZEITALTER SEINER TECHNISCHEN REPRODUZIERBARKEIT ein zu betrachtender Aspekt zu sein, auch wenn der Term zunächst für die Bereiche Kunst und Natur Anwendung findet. Danach verweist nur das Original der Mona Lisa auf die Hand Leonardo Da Vincis, was auch der Grund dafür ist, dass der Museumsbesuch als das einzig wahre Erlebnis gilt. Genauso wenig ersetzt das Betrachten eines Fotos, das eine Landschaft abbildet, das reale In-ihr-Stehen. Im Folgenden soll Benjamins Begriff der Aura helfen, das ausbleibende Moment des virtuellen Raumes in Bezug auf die zwischenmenschliche Kommunikation zu begründen.

---

beispielsweise das Dopamin bei Computerspielen. Das geschieht im Netz sogar rasanter als im realen, weil mehr Eindrücke in kürzerer Zeit auf die menschlichen Sinne einwirken. Es wird zudem behauptet, dass Stimulation der Sinne durch Duftkinos und ähnlichem, nur einen Versuch darstellen, der nicht gelingen kann.

[234] Vgl. Rötzer 1995, 50f
[235] Bexte 2002, 22

> An einem Sommer-nachmittag ruhend einem Gebirgszug am Horizont oder einem Zweig folgen, der seinen Schatten auf den Ruhenden wirft - das heißt die Aura dieser Berge, dieses Zweiges atmen.[236]

Die Aura (lat. *aura*) kann mit Lufthauch oder Luftzug übersetzt werden.[237] Der auratische Moment ist nur real erlebbar, denn es setzt die Singularität und Originalität des Antlitzes voraus. Er kann deswegen nicht virtuell simuliert werden, weil der Mensch virtuell eine Aufspaltung seines Körpers und Geistes sowie seiner Identitäten darstellt. Damit kann sie auch nicht in einem Verkehrsmittel empfunden werden, wo Körper und Geist beim Blick aus dem Fenster auch getrennt werden. Dennoch ist sie dem Virtuellen noch etwas flüchtiger. Die Aura kommt zwar nur im Ganzen aber vor allem dann zustande, „wenn sich zwischen dem Menschen und dem, was ihn umgibt, eine bestimmte Form der Beziehung einstellt, wenn die Dinge ihn anblicken."[238] Sich anzublicken, sich direkt in die Augen zu schauen, ist über Telekommunikationsmittel kaum möglich, weil die Kamera, die das eigene Bild überträgt, oberhalb des Bildes liegt, dass man vom Gesprächspartner anschaut. Die Blicke treffen sich nicht. Die Telekommunikationstechnik schafft eine andere Weise des Sehens. Zudem setzt die Aura eines Menschen eine gewisse Unnahbarkeit, eine „einmalige Erscheinung einer Ferne, so nah sie sein mag"[239] voraus. Gerade durch das Auslöschen der Ferne, durch den plötzliche Wechsel vom Dort zum Hier, geht diese Unnahbarkeit verloren, sie lässt die Aura entwischen, die doch so flüchtig ist. Das Paradoxon besteht folglich darin, dass man dem Gegenüber im Virtuellen *zu* nahe ist; die Aura entwischt. Sie ist an das einmalige Hier und Jetzt gebunden, „[e]s gibt kein Abbild von ihr."[240] Sie ist nicht virtuell übertragbar, das übertragene Bild des Menschen ist nur eine technische

---

[236] Benjamin, Walter (1936). Das Kunstwerk im Zeitalter seiner technischen Reproduzierbarkeit (Dritte Fassung). URL: http://walterbenjamin.ominiverdi.org/wp-content/kunstwerkbenjamin.pdf, letzter Zugriff: 18.07.2011, S. 6
[237] Vgl. [Art.] Aura. In: Duden online (Website). URL: http://www.duden.de/rechtschreibung/Aura, letzter Zugriff: 10.07.2011
[238] Boomers 2004, 213
[239] Benjamin, Walter (1936). Das Kunstwerk im Zeitalter seiner technischen Reproduzierbarkeit (Dritte Fassung). URL: http://walterbenjamin.ominiverdi.org/wp-content/kunstwerkbenjamin.pdf, letzter Zugriff: 18.07.2011, S. 7
[240] Ebd., 14

Reproduktion, welche Nicht-Anwesenheit impliziert. Die Einmaligkeit geht im Virtuellen verloren.

4.3 Nomadischer Mobilitätsrausch – Rasender Stillstand

Es wurde herausgearbeitet, dass der virtuelle Raum eine Ergänzung und Erweiterung des physischen darstellt. Dies impliziert, dass der virtuelle Raum als Medium des Real-Raums, als seine Prothese nach McLuhan gesprochen, gesehen werden kann. Den virtuellen Formen der Beweglichkeit wie Telefonkonferenzen, Teleshopping und Online-Banking ist ein Dazwischen inhärent. Dies wird nicht nur durch die immer sichtbare Kommunikationsoberfläche deutlich, sondern vor allem durch den Gebrauch der Medien. Das Telefonat über Skype, einer Software, die Video-Telefonie ermöglicht, beginnt meist mit den Worten: „Hallo, siehst du mich, kannst du mich hören?" Das Dazwischen, die Tatsache, dass das Gespräch auf einem Medium beruht, lässt sich nicht eliminieren oder leugnen. Die These des Instituts für Mobilitätsforschung, die besagt, dass es durch Telekommunikation möglich sei, reine Nachrichten ohne Körper oder Maschinen als Trägermedium zu senden,[241] kann demnach nicht zutreffen. Selbst wenn sich die virtuelle Botschaft vom Boten, also vom menschlichen Körper, abgelöst hat, ist sie nicht rein oder kann medienlos übertragen werden.

Wenn der virtuelle Raum in all seiner Komplexität folglich kein Ersatzmodell, sondern lediglich ein weiteres technisches Medium des physischen darstellt, ist auch absehbar, dass der Diskurs um seine Innovation nicht von Dauer sein wird. Viele Thesen und Prognosen, die um den virtuellen Raum aufkamen, wären damit hinfällig. Ähnlich wie in den 1990er Jahren die CD-Rom als das Medium von Dauer gepriesen wurde, deren Dauer jedoch mit der Einführung von USB-Sticks und ähnlichem nicht länger als 20 Jahre umfasste, werden auch die gegenwärtigen Telekommunikationsmittel durch neue Medien erweitert werden.

---

[241] Vgl. Zoche/Kimpeler/Joepgen 2002, 60

Der Rasende Stillstand als Beispiel dafür, dass Medien und so auch der virtuelle Raum trotzdem immer als das Ultimative gesehen werden und eine Weiterentwicklung unmöglich erscheint, findet sich im Paradox des stroboskopischen Effekts wieder. Dieser beschreibt, wie eine stetig wachsende Beschleunigung den Eindruck der Bewegungslosigkeit, ja des Stillstands erwecken kann.[242] Oft gesehen im klassischen Western, in dem die Räder der Postkutsche bei höchster Geschwindigkeit stehenzubleiben oder sich sogar rückwärts zu drehen scheinen, bezeichnet der Effekt eine Bewegungstäuschung, die bewegte Gegenstände in einem anderen Zustand erscheinen lässt, wenn sie durch periodisch verändertes Licht beleuchtet werden.[243] Auf die mediale Gegenwart bezogen bedeutet das, dass nach einer Beschleunigungsphase alles stillzustehen oder zumindest verlangsamt erscheint. Es scheint, die Geschichte sei an ein Ende ihrer Entwicklung gelangt, der Status quo, der technische Stand der neuen Medien wäre das Ultimative und die Grenze des absoluten Wissens sei erreicht. Dieser Eindruck entsteht, weil sich zwei Bewegungen, die der Wissenschaft und die der Authentifizierung, überlagern. Sinnfestlegung, die Authentifizierung des Wissens, findet erst rückwirkend statt. Dennoch gibt es kein Ende und keinen Stillstand, die Erkenntnis geht immer weiter. Erkenntnis ist mit Bewegung verbunden, Erkenntnis- und Lebensprozesse sind Bewegungsprozesse, Mobilität im physischen Raum bleibt damit konstant existent und lässt sich nicht verdrängen. Was sich mit der technischen Weiterentwicklung ändert, ist lediglich der Gebrauch der Medien. Der prognostizierte Rasende Stillstand oder das Ersetzen des realen Raumes in Form der virtuellen Stadt Telepolis kann somit widerlegt werden. Der virtuelle Raum ist die Papyrusrolle der Gegenwart. Physische Bewegung als Nicht-Medium wird zwar erweitert aber nicht verdrängt.[244]

---

[242] Vgl. Ette 2001, 540
[243] Vgl. [Art.] Stroboskopischer Effekt. In: Technik Lexikon (Website). URL: http://www.techniklexikon.net/d/stroboskopischer-effekt/stroboskopischer-effekt.htm, letzter Zugriff: 10.07.2011. o.S.
[244] Diese Gedanken entstanden im Gespräch mit Ottmar Ette am 14.06.2011.

Im Gegensatz zum virtuellen Raum ist der physische kein Medium. Er bildet kein Dazwischen, er ist entweder in diesem Moment hier oder zu einem anderen dort. Somit lässt sich die physische Mobilität nicht einfach substituieren, vor allem nicht nur durch ein Medium. Sie wurde lediglich erweitert, wie um die Funktion, an mehreren Orten gleichzeitig und körperlos präsent zu sein. Das Bedürfnis nach physischer Mobilität, nach dem reinen Sehen, geht jedoch nicht verloren. Im Gegenteil: es kann sogar durch die hohe Virtualität des Alltags zunehmen. Das reale Erleben ist die zusätzliche Dimension, die der Mensch benötigt, denn die Handhabbarkeit, das Gefühl, die Aura eines Menschen und eines Ortes kann auch durch die originellste Prothese nicht ersetzt werden.

Die abschließende These, das Resultat der herausgearbeiteten Aspekte, lautet demnach, dass dem Menschen ein Bedürfnis nach *Medien-losigkeit* innewohnt respektive dass er dieses mit der immer tiefer in den Alltag eindringenden Medienwirksamkeit zunehmend entwickelt. Dieses Bedürfnis, das auch oder vor allem der nomadischen Lebensweise immanent ist, verzichtet zugunsten von rein erlebten Momenten auf ein Dazwischen, auf ein Medium oder eine Prothese. Es sind die Momente, die keiner Erweiterung menschlicher Funktionen bedürfen, sondern in denen sich der Mensch selbst genügt. Auch Virilio sieht die Gefahr, dass die Menschen durch das Wandeln im virtuellen Raum keine Augenzeugen mehr sein können, weil sie nur noch durch Prothesen wahrnehmen und somit zu Sehbehinderten werden.[245] Es gibt zwar kein Ende des direkten Wahrnehmens, doch das stetige Dazwischen eines Mediums zwischen dem Menschen und dem zu betrachtenden Objekt verhindert eine pure, uninszenierte Rezeption. Die Entscheidung, welcher der echte Strauch ist: der, den man auf dem Bildschirm oder durch die Windschutzscheibe sieht, oder der, den man sehen, fühlen, hören und riechen, den man *erleben* kann, muss stets eine eindeutige sein. Dieses Bedürfnis nach Medienlosigkeit kann die virtuelle Mobilität, die rein auf Medien, auf Verbindungsstücken aufbaut, nicht stillen. Auch das System des Verkehrs, dass die physische Mobilität unterstützt, kann dieses

---

[245] Vgl. Virilio 1996, 125ff

nicht erfüllen, schließlich lässt auch die Landschaft hinter der Windschutzscheibe oder dem Zugfenster kein direktes Erleben zu. Was der Verkehr jedoch ermöglicht, ist der Zugang zu diesem Erleben, in dem er die Menschen an das Hier und Jetzt transportiert und sie im physischen Raum zusammenführt. Das Bedürfnis nach Medienlosigkeit ist auch das Bedürfnis nach etwas, dem kein Sinn innewohnt. Virtuelle Mobilität wäre vor allem ökologisch effizienter, aber Bedürfnisse sind bekanntlich nicht immer rational begründet. Schon deswegen lässt sich die physische Mobilität nicht einfach weg-rational-isieren.

5 Fazit

Wer ist er nun, dieser moderne Nomade? Die zu Beginn aufgeworfene Frage entzieht sich auch nach der ausführlichen Bearbeitung noch jeglicher Antwort. Die Definition des Nomadischen ist ein Problem der Verflüssigung und der verschwimmenden Grenzen. Es sind die Wege, die sich selbst schaffen, die nicht wie beim Sesshaften, ein Gebiet klar abstecken. Das Nomadische zieht in einer ziellosen Bewegung im offenen Raum umher, zu glatt, um nach ihm zu greifen. Es ist die rhizomatische Struktur, die selbst wenn man sie durch Definitionsversuche einschneidet, an den Schnittstellen weiterwuchert. Die Untersuchung versuchte, diesen glatten Raum etwas einzukerben, oder vielmehr ihn mit einem Netz von Knotenpunkten zu beziehen, an denen sich der Leser entlang hangeln kann, um zumindest einen kleinen Einblick in das zu bekommen, was das Nomadische ausmacht. Die Metapher verweist auf ein Kontinuum von Begriffen und Bildnissen, die, wenn überhaupt, einen unscharfen Umriss des Nomadischen erkennen lassen. Dieser sollte hier geschärft werden.

Bei der Bearbeitung des Nomadischen tat sich ein unglaubliches Netz an Informationen auf, die alle lose bis fest miteinander in Verbindung stehen. Das Thema ist mit so einem hohen Zerstreuungsmoment behaftet, dass schon die Bewältigung der Literatur eine Herausforderung darstellt. Auf einer Metaebene hat das vorliegende Buch selbst nomadischen Charakter. Sie repräsentiert seine netzartige, rhizomatische Struktur respektive resultiert aus dieser. Der Anspruch war es, Ordnung in dieses Gewirr an Strängen und Informationen zu bringen und es zu strukturieren. Dabei wurde deutlich, dass eine Eingrenzung eines so schwer greifbaren Begriffs vor allem durch seine Abgrenzung gelingen kann. Das Arbeiten mit Gegensatzpaaren stellte sich als eine gute Methode heraus, um Aspekte des Nomadischen zu beleuchten. Zu den Themen Raum, Arbeit, Struktur, Besitz, Behausung, Heimat sowie Identität wurden gesellschaftliche Tendenzen aufgezeigt, um aus ihnen Gegensätze des Nomadischen und des Sesshaften abzuleiten. So kann zwar nach wie vor nicht benannt werden, wer der moderne Nomade nun eigentlich ist oder wen die Metapher genau beschreibt, es konnte aber erarbeitet werden, was ihn ausmacht und wer nicht dazu gehört. Aus den Charakteristika des offenen Raumes, in dem der Nomade ziellos zwischen nicht genau definierten Punkten umherschwirrt, also der Richtungslosigkeit seiner Bewegung, konnte geschlossen werden, dass der Pendler, nicht zur Metapher dazugezählt werden kann. Er fährt zwischen den immer gleichen, klar fixierten Orten linear hin und her. Es wurde deutlich, dass es *den* einen modernen Nomaden nicht gibt, sondern lediglich Menschen, die sich mit Teilen der umrissenen Lebensweise identifizieren können. Die Nomadenmetapher setzt sich somit aus vielen Strängen von Lebens- und Arbeitsweisen mosaikhaft zu einem Bild zusammen. Beim genauen Betrachten dieses Bildes, entwischt es jedoch sofort wieder.

Im letzten Teil wurde nach dem Bruch gesucht, der sich zwischen dem physischen und dem virtuellen Raum auftut. Dabei konnten die Spaltung der Räume, Körper und Identitäten, vor allem aber die Haptik sowie die Aura, die Einzigartikeit voraussetzt, als das ausbleibende Moment herausgearbeitet werden. Den Aspekt der Aura als Hauptmerkmal zu benennen, begründet sich auch darin, dass ihr ein ebenso flüchtiger Moment anhaftet wie dem Nomadischen.

Hier bleiben natürlich viele Fragen offen, da die technische Entwicklung immer weiter voranschreitet und der aktuelle Stand nicht der des absoluten Wissens ist. Die aufgestellten Thesen sind somit immer in Bezug auf den gegenwärtigen Kontext zu verstehen. So ist es durchaus möglich, dass zukünftige Generationen, die von Beginn an mit Telekommunikationsmitteln und Daten statt Papier aufwachsen, viel stärker an den virtuellen Raum gebunden sein werden. Ob dieser trotzdem jemals die Dominanz erreichen wird, die sich in der Substitutionsthese beschreibt, ist allerdings fraglich. Weiteren Forschungsbedarf gibt es zur Genüge. Zum Einen bedarf die Problematik der Heimat im Nomadischen einer weiteren Ausführung. Inwiefern können soziale Netzwerke ein Gefühl von Heimat suggerieren? Es könnte weiterhin untersucht werden, wie es sich mit dem virtuellen Ich verhält, wenn es dauerhaft vom physischen gespalten ist. Wenn angenommen wird, dass der virtuelle Raum das Wesen eines

Menschen nie ganz erfassen kann, wie wird mit dieser Spaltung der Identitäten auf Dauer umgegangen? In Bezug auf den Raum des Nomadischen wäre eine mögliche Renaissance der Nähe ein interessanter Untersuchungsgegenstand. Zumal Tendenzen festzustellen sind, die wieder zurück zum Lokalen gehen, da das Prinzip der Telearbeit die Aktivitäten der Menschen wieder an den Wohnort zurückbringt und Programme wie Google Streetview eine starke Rückkopplung an den geografischen Raum aufweisen.

Die gewonnenen Erkenntnisse in der abschließenden These vom menschlichen Bedürfnis nach Medienlosigkeit resultieren zu lassen, ist *eine* Herangehensweise. Sie stellte sich zwar im Zuge des Arbeitsprozesses als grundlegend heraus, bildet aber keinen Abschluss. Sie ist das Ergebnis der Betrachtung eines stark subjektiven Bildausschnitts, das hier vom Nomadischen gezeichnet wurde. Dieser Ausschnitt hätte durchaus auch in anderen Formen und Farben gemalt werden können und wird nie eine Endgültigkeit erreichen. Denn wie das Nomadische immer ein Werden ist, ist auch sein Bild niemals abgeschlossen. Es obliegt seiner stetigen Erweiterung.

6 Quellenverzeichnis

Literatur

Albers, Markus. Digitale Nomaden: Wenn die Grenze zwischen Arbeit und Heim verschwindet. Juni 2009. In: *markusalbers.com* (Website). URL: http://www.markusalbers.com/artikel/weitere/detecon-management-report--digitale-nomaden/, letzter Zugriff: 18.07.2011.

Appiah, Kwame Anthony. *Der Kosmopolit. Philosophie des Weltbürgertums.* München: Verlag C.H. Beck oHG, 2007.

Asendorf, Christoph. *Super Constellation. Flugzeug und Raumrevolution. Die Wirkung der Luftfahrt auf Kunst und Kultur der Moderne.* Wien: Springer-Verlag, 1997.

Augé, Marc. *Orte und Nicht-Orte. Vorüberlegungen zu einer Ethnologie der Einsamkeit.* Frankfurt/Main: Fischer Verlag, 1994.

Bauman, Zygmunt. *Flaneure, Spieler und Touristen. Essays zu postmodernen Lebensformen.* Hamburg: Hamburger Ed., 1997.

Benjamin, Walter. Das Kunstwerk im Zeitalter seiner technischen Reproduzierbarkeit (Dritte Fassung). 1936. URL: http://walterbenjamin.ominiverdi.org/wp-content/kunstwerkbenjamin.pdf, letzter Zugriff: 18.07.2011.

Bexte, Peter. Kabel im Denkraum. In *updates. visuelle medienkompetenz*, Arthur Engelbert und Manja Herlt (Ed.). Würzburg: Königshausen & Neumann, 2002: 17-43.

Bocconi, Andrea. *Reisen und bleiben.* Zürich: Dörlemann Verlag AG, 2007.

Bonß, Wolfgang und Sven Kesselring. Mobilität am Übergang von der Ersten zur Zweiten Moderne. In: *Die Modernisierung der Moderne*, Ulrich Beck und Wolfgang Bonß (Ed.). Frankfurt/Main: Suhrkamp Verlag, 2001: 177-190.

Boomers, Sabine. *Reisen als Lebensform. Isabelle Eberhardt, Reinhold Messner und Bruce Chatwin.* Frankfurt/Main: Campus Verlag, 2004.

Borscheid, Peter. *Das Tempo-Virus. Eine Kulturgeschichte der Beschleunigung.* Frankfurt/Main: Campus Verlag, 2004.

Bröckling, Ulrich, Susanne Krasmann und Thomas Lemke (Ed.). *Glossar der Gegenwart.* Frankfurt/Main: Suhrkamp Verlag, 2004.

Coelho, Paulo. *Der Alchimist.* Zürich: Diogenes Verlag, 2008.

DeBotton, Alain. *Kunst des Reisens.* Frankfurt/Main: Fischer Verlag, 2002.

Englisch, Gundula. *Jobnomaden.* Frankfurt/Main: Campus Verlag, 2001.

Ette, Ottmar. *Literatur in Bewegung. Raum und Dynamik grenzüberschreitenden Schreibens in Europa und Amerika.* Weilerswist: Velbrück Wissenschaft, 2001.

Europäische Kommission (Ed.). Europa in Bewegung: Ein Europäischer Mobilitätspass. Mai 2010. In: *europa.eu* (Website). URL: http://ec.europa.eu/publications/booklets/move/29/txt_de.pdf, letzter Zugriff: 06.07.2011.

Flusser, Vilém. Nomaden. In: *Arch+*. Aachen: Arch+ Verlag, März 1992: 70-78.

Gilles Deleuze, Félix Guattari. *Tausend Plateaus.* Berlin: Merve Verlag, 1992.

Gleich, Michael. *Mobilität.* Hamburg: Hoffmann und Campe, 1998.

Hastedt, Heiner. *Moderne Nomaden.* Wien: Passagen Verlag, 2009.

Hesse, Hermann. *Der Steppenwolf.* Frankfurt/Main: Suhrkamp Taschenbuch Verlag, 1978.

Holert, Tom. Genius Loci. New Economy, Flüchtlingspolitik und die neue Geographie der „Intelligenz". 11.05.2000. In: *heise online* (Website). URL: http://www.heise.de/tp/artikel/8/8132/1.html, letzter Zugriff: 18.07.2011.

Holert, Tom und Mark Terkessidis. *Fliehkraft. Gesellschaft in Bewegung - von Migranten und Touristen.* Köln: Kiepenheuer & Witsch, 2006.

Holm Friebe, Sascha Lobo. *Wir nennen es Arbeit. Die digitale Bohème oder Intelligentes Leben jenseits der Festanstellung.* München: Wilhelm Heyne Verlag, 2006.

Institut für Mobilitätsforschung (Ed.). *Auswirkungen der virtuellen Mobilität.* Berlin: Springer Verlag, 2004.

Jaktén, Anna. Anemon 3SMD- die Wohnung der Stadtnomaden. 28.07.2010. In: *drstefanschneider.de* (Website). URL: http://www.drstefanschneider.de/armut-a-wohnungslosigkeit/dokumente/399-anemon-3-smd-die-wohnung-der-stadtnomaden.html, letzter Zugriff: 11.07.2011.

Jostes, Dirk. Mobil und immer bereit? Die Zukunft des Arbeitens. In: *ARD-Themenwoche 2011* (Website). URL: http://web.ard.de/themenwoche_2011/?p=2046, letzter Zugriff: 18.06.2011.

Kaschuba, Wolfgang. *Die Überwindung der Distanz. Zeit und Raum in der europäischen Moderne.* Frankfurt/Main: Fischer Taschenbuch Verlag, 2004.

Klormann, Sybille. Pendler in Deutschland: Stress wie im Kampfeinsatz. 2011. In: *ARD-Themenwoche 2011* (Website). URL: http://web.ard.de/themenwoche_2011/?p=106, letzter Zugriff: 05.07.2011.
—. Mobilitätspyramide 2010: Kein "weiter so"! 2011. In: *ARD-Themenwoche 2011* (Website). URL: http://web.ard.de/themenwoche_2011/?p=16, letzter Zugriff: 06.07.2011.

Magerl, Sabine, Gregor Fornol Babisi und Alexander Stenzel. Die fantastischen Vier. 1999. In: *Zeit online* (Website). URL: http://www.zeit.de/1999/49/199949.entscheiden_noma.xml, letzter Zugriff: 11.07.2011.

Manovich, Lev. Die Poetik des erweiterten Raums: von Prada lernen. In *Black Box - White Cube*, door Lev Manovich, 105-143. Berlin: Merve Verlag, 2005.

Max-Planck-Institut für Gravitationsphysik (Ed.). Spezielle Relativitätstheorie. o.A. In:
Einstein online (Website). URL: http://www.einstein-online.info/einsteiger/spezRT/?set_language=de, letzter Zugriff: 08.07.2011.

McLuhan, Marshall und Bruce R. Powers. *The Global Village. Der Weg der Mediengesellschaft in das 21. Jahrhundert.* Paderborn: Junfermann Verlag, 1995.

Meier, Werner. Wohnparasit. o.A. In: *meier.werner.de* (Website). URL: http://www.meier-werner.de/projekte/p_parasit_1.html, letzter Zugriff: 08.07.2011

Mersch, Dieter. *Medientheorien zur Einführung*. Hamburg: Junius Verlag, 2006.
—. *Umberto Eco zur Einführung*. Hamburg: Junius Verlag, 1993: 119-121.

Rosa, Hartmut. *Beschleunigung. Die Veränderung der Zeitstrukturen in der Moderne*. Frankfurt/Main: Suhrkamp Verlag, 2005.

Rötzer, Florian. *Die Telepolis. Urbanität im digitalen Zeitalter*. Mannheim: Bollmann Verlag, 1995.

Schlögel, Karl. *Im Raume lesen wir die Zeit. Über Zivilisationsgeschichte und Geopolitik*. München: Carl Hanser Verlag, 2003.
—. *Planet der Nomaden*. Berlin: wjs verlag, 2006.

Schmidt, Aurel. *Von Raum zu Raum. Versuch über das Reisen*. Berlin: Merve Verlag, 1998.

Sennett, Richard. *Der flexible Mensch. Die Kultur des neuen Kapitalismus*. Berlin: Berlin Verlag, 1999.

Stangl, Werner. Fritz Riemanns „Grundformen der Angst". o.A. In: *werner stangls arbeitsblätter* (Website). URL: http://arbeitsblaetter.stangl-taller.at/EMOTION/Riemann.shtml, letzter Zugriff 16.07.2011.

Virilio, Paul. *Ästhetik des Verschwindens*. Berlin: Merve Verlag, 1986.
—. *Fahren, fahren, fahren...* Berlin: Merve Verlag, 1978.
—. *Fluchtgeschwindigkeit*. München/Wien: Carl Hanser Verlag, 1996.
—. *Rasender Stillstand*. Frankfurt/Main: Fischer Taschenbuch Verlag, 1998.
—. *Revolutionen der Geschwindigkeit*. Berlin: Merve Verlag, 1993.

Wieke, Thomas. *Mobilität*. Bergisch Gladbach: BLT, 2000.

Weiterführende Webseiten

ARD-Themenwoche. *Der mobile Mensch.* Mai 2011. URL: http://web.ard.de/themenwoche_2011/, letzter Zugriff: 05.07.2011.

betahaus Berlin.o.A. URL: www.betahaus.de, letzter Zugriff: 08.07.2011.

Duden online. 2011. URL: http://www.duden.de, letzter Zugriff: 06.07.2011.

Entertainment Test. *Playstation 3 Move.* 23.09.2010. URL: http://www.entertainment-test.de/playstation-3-move-/356, letzter Zugriff: 12.07.2011.

Frankfurter Rundschau. *Mobile Häuser für moderne Nomaden.* 24.11.2008. URL: http://www.fr-online.de/wissenschaft/mobile-haeuser-fuer-moderne-nomaden/-/1472788/3269762/-/, letzter Zugriff: 12.07.2011.

Guy named dave. *The 100 Thing Challenge.* o.A. URL: http://guynameddave.com/100-thing-challenge/, letzter Zugriff: 07.07.2011.

Innovations report. *Smart Wear und Wearable Electronics: Multimedia-Lösungen für Mode, Sport und Berufsbekleidung.* 15.02.2006. URL: http://www.innovations-report.de/html/berichte/cebit_2006/bericht-55283.html, letzter Zugriff: 11.07.2011.

Institut für Mobilitätsforschung. o.A. URL: www.ifmo.de, letzter Zugriff: 08.07.2011.

Sueddeutsche.de. *Zehn-Millionen-Meilen-Rekord geknackt.* 11.07.2011. URL: http://www.sueddeutsche.de/reise/vielflieger-bonus-zehn-millionen-meilen-rekord-geknackt-1.1118953, letzter Zugriff: 16.07.2011.

Technik Lexikon. *Stroboskopischer Effekt.* 2010. URL: http://www.techniklexikon.net/d/stroboskopischer-effekt/stroboskopischer-effekt.htm, letzter Zugriff: 10.07.2011.

Telearbeit. Bundesagentur für Arbeit. Regionaldirektion Sachsen (Ed.): *Was ist Telearbeit?* Mai 2010. URL: http://www.arbeitsagentur.de/Dienststellen/RD-S/RD-S/Regionalinformationen/pdf/Telearbeit.pdf, letzter Zugriff: 05.07.2011.

Textbac-Index. *Unterhaltsame Kleidung.* o.A. URL: http://www.texbac.de/html/entertainment.html, letzter Zugriff: 11.07.2011.

Uni-protokolle.de. *Leib-Seele-Problem.* o.A. URL: http://www.uni-protokolle.de/Lexikon/Leib-Seele-Problem.html, letzter Zugriff: 10.07.2011.

Wissen.de. 2000-2011. URL: http://www.wissen.de, letzter Zugriff: 18.07.2011.

Andere Medien

Bolz, Norbert: Der virtuelle Arbeitsplatz - Das Büro der Zukunft. Deutschland 2011. (SWR Radiofeature). URL: http://www.swr.de/ratgeber/geld/arbeitsformen-der-zukunft/-/id=1788/nid=1788/did=7051728/exqnfp/, letzter Zugriff: 08.07.2011.

Pollesch, René: Heidi Hoh arbeitet hier nicht mehr. Deutschland 2000. (Hörspiel).

Reitman, Jason: Up in the air. USA 2009. (Film).

7 Anhang

Beispiele Stellenanzeigen

(alle Ausschreibungen beziehen sich auf den Stand vom 01.06.2011)

Quelle:
http://www.jobbankusa.com/jobs_employment_work/employer/coca_cola_company-36702-1.html

Anzeige: Coca Cola Company: Technical Stewardship Capability Program Manager
Job id: 11210 position title: technical stewardship capability program manager company: the coca-cola company working location: ga - atlanta specific location: atlanta-aoc employment status: full time relocation provided: yes travel required: 50% ...
Job Type: Full-time
Employer: Coca Cola Company
Job Function: Consumer Products - Operations Other
Location City: Atlanta Georgia
Location State: Georgia GA

Quelle: http://www.volkswagen-karriere.de/de/wie_sie_einsteigen/hochschulabsolventen/startUp_direct.html#/tab=44b491f9762367f49334fe47d2c33cc5

Anzeige: „Sie möchten direkt bei Volkswagen einsteigen? Mit unserem Traineeprogramm Startup Direct werden Sie von Anfang an optimal auf Ihre neuen Aufgaben vorbereitet und in das Unternehmen integriert.

Ziel dieses 24-monatigen Programms ist es, hoch qualifizierten Nachwuchskräften aus technischen und kaufmännischen Studiengängen optimale Bedingungen für den erfolgreichen Einstieg in den Beruf und in die Volkswagen Welt zu bieten.

Seminare und Auslandseinsätze
Bei StartUp Direct durchlaufen Sie verschiedene, aufeinander abgestimmte Programmbausteine. Dadurch entwickeln sie sich kontinuierlich weiter. In der Technik-Schulung wird Ihnen umfangreiches automobiles Wissen vermittelt. Der praktische Einsatz – von der Produktion bis hin zum Handel – verschafft Ihnen einen Überblick über die Prozesskette. Begleitende Seminare wie „Fahrzeug-Projektmanagement" und „Kundenerwartungen, Handels- und Vertriebsprozesse" und nationale sowie internationale Projekte erweitern das Programm. Insgesamt bieten sich Ihnen durch StartUp Direct zahlreiche Möglichkeiten, Netzwerke zu knüpfen – auch durch den im Rahmen des Programms möglichen Auslandsaufenthalt an einem der weltweit über 60 Fertigungsstätten. Auf diese Weise lernen Sie Volkswagen mit all seinen Produkten, Marken und Standorten kennen. Für alle Fragen steht Ihnen jederzeit ein persönlicher Pate zur Verfügung. Starten Sie durch!"

Quelle: http://www.volkswagen-karrie-re.de/de/wie_sie_einsteigen/hochschulabsolventen/startUp_cross.html#/tab=8b28474795463ce77904361c74889149

Anzeige: "Weltweit Volkswagen-Luft schnuppern: einsteigen mit StartUp Cross.

Hochschulabsolventinnen und Absolventen bieten wir mit unserem international ausgerichteten Traineeprogramm StartUp Cross einen attraktiven und individuellen Weg in die Volkswagen Welt.

Ziel des 18-monatigen Programms ist die Förderung und Entwicklung hoch qualifizierter Nachwuchskräfte aus technischen und kaufmännischen Studiengängen mit überdurchschnittlicher Qualifikation, die durch Auslandsaufenthalte bereits international ausgerichtet sind.

Seminare und Auslandseinsätze
Neben den Projektarbeiten werden Seminare zu Themen wie Projektmanagement, Präsentationstechniken und Interkulturelle Kompetenz angeboten. Ihr unternehmerisches Denken und Ihre Kundenorientierung werden durch den Einsatz im Handel vervollständigt und entwickelt. Ein dreimonatiger Einsatz in einem der Auslandsstandorte rundet das Programm ab. Eine einzigartige Möglichkeit, einen umfassenden Einblick in die komplexen Zusammenhänge eines internationalen Konzerns zu bekommen."

Quelle:
http://www.bmwgroup.com/d/nav/index.html?http://www.bmwgroup.com/d/0_0_www_bmwgroup_com/karriere/einstiegsmoeglichkeiten/fuer_absolventen_young_professionals/graduate_programme_iframe_iframe.html

Anzeige: "Starten Sie mit uns in Richtung Zukunft.
Wenn es um Ihre Zukunft geht, wollen Sie nichts dem Zufall überlassen? Dann starten Sie jetzt als Trainee im BMW Group Graduate Programme! Als Trainee haben Sie bereits beste Karten, wenn es um eine langfristige Karriere in der BMW Group geht. Gemeinsam mit Ihnen gestalten wir innovativ und nachhaltig die automobile Zukunft. Wir suchen Talente wie Sie, die Visionen umsetzen wollen, ohne dabei die Bodenhaftung zu verlieren. Denn als eine der führenden Premium-Marken im Automobilbereich streben wir danach, immer das Beste zu erreichen. Genau wie Sie.

Nutzen Sie Ihre Chancen.
Unser Personalvorstand ist der Mentor dieses Programms, das Sie in nur 15 Monaten auf Ihre ganz individuelle BMW-Karriere vorbereitet. Darüber hinaus steht Ihnen eine erfahrene Führungskraft als persönlicher Mentor zur Seite. Sie arbeiten in verschiedenen Unternehmensbereichen und engagieren sich in einem übergreifenden Teamprojekt. Zudem sammeln Sie wertvolle Erfahrungen in zwei Auslandseinsätzen und werden individuell gefördert. Beste Perspektiven gehören bei uns natürlich zur

Serienausstattung – so beginnt Ihre Karriere unter optimalen Bedingungen. Legen Sie den Gang ein, nutzen Sie Ihre Chancen und machen Sie sich auf den Weg – das Ziel bestimmen Sie selbst.

Ihre Voraussetzungen – der Schlüssel zum Erfolg.
Für dieses anspruchsvolle Programm bringen Sie die folgenden fachlichen und persönlichen Voraussetzungen mit:

• Einen exzellenten technischen oder kaufmännischen Hochschulabschluss.
• Mindestens 6 Monate relevante Praxiserfahrung (z.B. durch Praktika, Ausbildung, erste Berufserfahrung).
• Mindestens 4 Monate relevante Auslandserfahrung (z.B. Studium bzw. Praxiserfahrung).
• Persönliches Engagement neben bzw. außerhalb der Hochschule.
• Fließendes Deutsch und Englisch, idealerweise auch weitere Fremdsprachen.
• Eigene Ideen und Visionen.
• Einen scharfen analytischen Verstand.
• Leidenschaft für das Automobil.
• Eigeninitiative, Veränderungsbereitschaft, Teamgeist und Selbstreflexion."

Quelle: http://www.europeancareers.coca-cola.com/en/home/opportunities/current-vacancies-search.aspx?functionName=searchFromLink&com.peopleclick.cp.formdata.JPM_DURATION=2&com.peopleclick.cp.formdata.FLD_JPM_COUNTRY=&com.peopleclick.cp.formdata.FLD_JPM_POSTING_CATEGORY=

Anzeige: Beverage Quality Manager

JOB ID	20505
LOCATION(S)	United States
CITY/CITIES	GA - Atlanta
SPECIFIC LOCATION	US-GA-ATLANTA-AOC-OFFICE
JOB TYPE	Full Time
TRAVEL REQUIRED	25%
RELOCATION	No
SHIFT	N/A

Quelle: http://www.jobanova.de/stellenangebot/10000-1071186867-S/?sort

Anzeige: Arbeitgeber: Die Arbeitsmakler - Dirk Kühnel
Tätigkeit: Maler(in) oder Helfer(in) für Österreich
(Maler/in und Lackierer/in - Maler/in)
Arbeitsplatz; 1 Stelle; Sozialversicherungspflichtig
Stellenbeschreibung:

Wir suchen Maler (m/w) für den Einsatz in Österreich. Zwingend erforderlich ist ein Führerschein sowie ein Fahrzeug.
Der potentielle Bewerber bekommt einen unbefristeten Arbeitsvertrag mit Vollzeitanstellung (zzgl. Zuschläge für Sonn- und Feiertage).

Schulabschluß: kein Schulabschluss

Arbeitsort: Chemnitz, Sachsen

Beschäftigung: unbefristet

Arbeitszeit: Vollzeit

Betriebsgröße: zwischen 6 und 50 Mitarbeiter

Eintrittstermin: 28.06.2011

Mobilität: Reisebereitschaft uneingeschränkt

Kontaktaufnahme: über arbeitsagentur.de; Telefonisch; Schriftliche Bewerbung; Bewerbung mit Email; Persönliche Vorstellung

Bewerbungsunterlagen: Lebenslauf, Zeugnisse